全国革命老区县发展史丛书·广东卷

饶平县革命老区发展史

饶平县革命老区发展史编委会 编

SPM 南方出版传媒 广东人民出版社
·广州·

图书在版编目（CIP）数据

饶平县革命老区发展史／饶平县革命老区发展史编委会编. —广州：广东人民出版社，2021.3

（全国革命老区县发展史丛书·广东卷）

ISBN 978-7-218-14718-5

Ⅰ. ①饶…　Ⅱ. ①饶…　Ⅲ. ①饶平县—地方史　Ⅳ. ①K296.54

中国版本图书馆 CIP 数据核字（2020）第 242975 号

RAOPING XIAN GEMING LAOQU FAZHANSHI

饶平县革命老区发展史

饶平县革命老区发展史编委会　编　　　　版权所有　翻印必究

出 版 人：肖风华

责任编辑：易建鹏
装帧设计：张力平等
责任技编：吴彦斌　周星奎

出版发行：广东人民出版社
地　　址：广州市海珠区新港西路 204 号 2 号楼（邮政编码：510300）
电　　话：（020）85716809（总编室）
传　　真：（020）85716872
网　　址：http://www.gdpph.com
印　　刷：广州市浩诚印刷有限公司
开　　本：715mm×995mm　1/16
印　　张：12.75　　插　页：10　　字　数：190 千
版　　次：2021 年 3 月第 1 版
印　　次：2021 年 3 月第 1 次印刷
定　　价：56.00 元

如发现印装质量问题，影响阅读，请与出版社（020-85716808）联系调换。
售书热线：（020）85716826

广东省编纂《革命老区县发展史》丛书
指导小组

组　长：陈开枝（广东省老区建设促进会会长）

副组长：林华景（广东省老区建设促进会常务副会长）

　　　　宋宗约（广东省农业农村厅二级巡视员、广东省老
　　　　　　　　区建设促进会副会长）

　　　　刘文炎（广东省老区建设促进会副会长）

　　　　郑木胜（广东省老区建设促进会副会长）

　　　　姚泽源（广东省老区建设促进会副会长兼秘书长）

　　　　谭世勋（广东省老区建设促进会副会长）

　　　　廖纪坤（广东省农业农村厅总经济师）

办公室

主　任：姚泽源（兼）

副主任：韦　浩（广东省农业农村厅扶贫协作与老区建设处
　　　　　　　　处长）

　　　　柯绍华（广东省老区建设促进会副秘书长）

　　　　伍依丽（广东省老区建设促进会副秘书长）

潮州市《革命老区县发展史》
编审小组

组　长：陈立佳（中共潮州市委党史研究室主任）

副组长：陈子新（潮州市地方志办公室主任）

副组长：刘庆和（中共潮州市委党史研究室副主任）

成　员：蔡钦洪（中共潮州市委党史研究室离休副处级干部）

　　　　郑佩佩（中共潮州市委党史研究室编研出版科科长）

　　　　沈　翘（中共潮州市委党史研究室副主任科员）

　　　　吴　馥（潮州市地方志办公室科员）

　　　　陆妍慧（中共潮州市委党史研究室办事员）

《饶平县革命老区发展史》编纂委员会

主　　任：林文锋

执行主任：陈跃庆

副 主 任：黄汉成　　张若群　　徐昭平

成　　员：黄振海　　陈鑫生　　刘泽添　　佘国明　　林汉利

　　　　　许学骞　　张如明　　林惠恭　　刘子画　　杨向东

　　　　　黄文波　　余伟健　　庄松如　　陈坐金　　陈秋澄

　　　　　林益构　　麦来忠　　郑良群　　钟春鹏　　余德州

　　　　　余世和　　黄进贵　　黄燕生　　游文明　　詹纯良

　　　　　张永饶　　陈俊生　　黄序谋　　刘敬光　　陈晓东

　　　　　陈小令　　詹惠君　　李焕顺　　黄锡荣　　陈创阳

　　　　　吴喜照　　刘壮辉　　林祥宏　　张志彬　　吴华昊

　　　　　郑　尖　　陈镇杰　　郑尾林　　杨振歆

在举国欢庆新中国成立 70 周年前夕，中国老区建设促进会王健会长请我为《全国革命老区县发展史》丛书作序，作为一名在老区战斗过并得到老区人民生死相助的老兵，回首往事，心潮澎湃，感慨万千，深感义不容辞，欣然应允。

中国革命老区，是以毛泽东为代表的中国共产党人在领导人民推翻帝国主义、封建主义和官僚资本主义三座大山，争取民族独立和人民解放伟大斗争中建立的革命根据地，在这片红色的土地上，诞生了无数可歌可泣的革命英雄儿女，为后人树起了一座不朽的丰碑，她是新中国的摇篮，是党和军队的根。

在艰苦卓绝的战争年代，老区人民把自己的命运与中华民族的命运紧紧地联系在一起，与中国共产党和人民军队的命运紧紧地联系在一起，他们生死相依，患难与共。我曾亲历过战争年代，并得到过老区红哥红嫂的救助，切身感受到发生在身边的一幕幕撼天动地的革命故事，在那极其艰难的条件下，老区人民倾其所有、破家支前，不怕艰难困苦，不怕流血牺牲。"最后一碗米送去做军粮，最后一尺布送去做军装，最后一件老棉袄盖在担架上，最后一个亲骨肉送去上战场"，这是当时伟大的老区人民为建立新中国做出巨大牺牲的真实写照，它将永远镌刻在中国共产党、中国人民解放军、中华人民共和国的历史丰碑上。他们的光辉业绩永载史册，他们的革命精神必将影响一代又一代的革命新人，造就一代又一代的民族脊梁。

在社会主义革命和建设时期，革命老区和老区人民响应党的号召，面对落后的面貌、脆弱的经济、恶劣的生态环境，他们本色不变，精神不丢，自力更生，艰苦奋斗，干一行爱一行。始终坚持"革命理想高于天"，自觉做共产主义远大理想的坚定信仰者和忠实实践者，勇于向恶劣的自然环境和贫穷落后宣战，他们在各条战线上为国建功立业，用平凡的双手创造了一个又一个不平凡的奇迹，彰显了老区人的崇高精神和人格力量。

在改革开放的伟大进程中，老区人民解放思想，勇于创新，发奋图强，攻坚克难，老区的经济社会建设取得了辉煌成就。特别是在改变中国的面貌、中华民族的面貌、中国人民的面貌、中国共产党的面貌的伟大实践中发挥了至关重要的作用。老区人民既是改革开放的参与者，也是改革开放的推动者。

艰苦练意志，危难见精神。老区人民在近百年的革命战争、社会主义建设和改革开放的伟大实践中，孕育形成了伟大的老区精神：爱党信党、坚定不移的理想信念；舍生忘死、无私奉献的博大胸怀；不屈不挠、敢于胜利的英雄气概；自强不息、艰苦奋斗的顽强斗志；求真务实、开拓创新的科学态度；鱼水情深、生死相依的光荣传统。这是党和人民宝贵的精神财富、丰厚的政治资源，是凝心聚力、振奋民族精神的重要法宝，也是社会主义核心价值观的重要内容。

中国老区建设促进会怀着强烈的政治责任感和历史使命感，组织全国各地老促会人员克服困难，尽心竭力编纂《全国革命老区县发展史》丛书，记录老区的光辉历史和辉煌成就，传承红色基因，弘扬老区精神，是功在当代、利及千秋的一件大事。手捧这部丛书的部分书稿，读着书中的故事，倍感亲切，深感这部丛书具有资政、育人、存史的社会功能，有着重要的时代和历史价值。它是不忘初心、牢记使命的源头活水，是赞颂共产党、讴歌老区人民的一部精品力作，是弘扬老区精神、传承红色记忆的丰厚载体，是一项继承优秀传统文化、弘扬革命文化、发展社会主义先进文化，坚定"四个自信"的宏大文化工程。它必将成为一种文化品牌，为各界人士了解老区宣传老区支持老区提供一部有价值的研究史料。希望读者朋友们能从中了解并牢记这些为党和民族的利益不断奉献的老区人民，从中得到教益，汲取人与奋斗的精神动力。

新时代赋予新使命，新起点开启新征程。让我们更加紧密地团结在以习近平同志为核心的党中央周围，坚持以习近平新时代中国特色社会主义思想为指导，增强"四个意识"，坚定"四个自信"，做到"两个维护"，弘扬老区精神，铭记苦难辉煌。为实现"两个一百年"奋斗目标，实现中华民族伟大复兴的中国梦作出新的更大的贡献！

遇清田

2019 年 4 月 11 日

2017 年 6 月，中国老区建设促进会组织全国各地老促会启动编纂《全国革命老区县发展史》丛书，按照"建立中国共产党、成立中华人民共和国、推进改革开放和中国特色社会主义事业"三大里程碑的历史脉络，系统书写革命老区百年历史，深入挖掘革命老区红色文化资源，这对于充实丰富中国革命史籍宝库、在新时代传承红色基因、弘扬革命精神、强固根本，对于激励人们在新的历史条件下夺取中国特色社会主义伟大胜利，实现中华民族伟大复兴的中国梦具有重要意义。

丛书编纂以习近平新时代中国特色社会主义思想为指导，以《中国共产党历史》《中国共产党的九十年》等重要文献为基本依据，以党的领导为核心，以老区人民为主体，以老区发展为主线，体现历史进程特征，突出时代发展特色，坚持辩证唯物主义和历史唯物主义相统一、历史真实性与内容可读性相统一的原则，书写革命老区从站起来、富起来到强起来的光辉革命史、不懈奋斗史、辉煌成就史，把老区人民的伟大贡献、伟大创造、伟大成就、伟大精神充分展示出来，形成一部具有厚重历史特征和鲜明时代特色的精品力作。这是一部培根铸魂、守正创新，既为历史立言，又为时代服务，字里行间流淌着红色血脉、催生着革命激情的传世之作。丛书的编纂出版将成为讴歌党讴歌人民讴歌时代、传播红色文化、为革命老区和老区人民树碑立传的重要载体。

丛书按照编年体与纪事本末体相结合、以编年体为主的编写体例确定框架结构；运用时经事纬、点面结合的方式记述史实；坚持人事结合、以事带人的原则处理人与事的关系；采取夹叙夹议、叙论结合以叙为主的方法展开内容。做到了史料与史论、历史与现实、政治与学术统一，文献性、学术性、知识性相兼容。

为编纂好《全国革命老区县发展史》丛书，打造红色文化品牌，中国老区建设促进会认真组织积极协调，提出政治立场鲜明、史料真实准确、思想论述深刻、历史维度厚重、时代特色突出、编写体例规范、篇目布局合理、审读把关严格、出版制作精良的编纂出版总要求，力求达到革命史籍精品的精神高度、思想深度、知识广度、语言力度，增强丛书的权威性和社会影响力。各省（区、市）、市（州、盟）、县（市、区、旗）老促会的同志，以强烈的使命感、责任感和紧迫感，勇于担当，积极作为，认真实施，组织由老促会成员、专家学者等参加的十余万人编纂队伍。编纂工作主体责任在县，省、市组织协调、有力指导、审读把关。各方面人员以高度负责的精神和科学严谨的态度，满腔热情地投入工作，为丛书编纂出版做出了重要贡献。丛书编纂工作还得到了党和国家有关部委、地方各级党委政府及有关部门的大力支持和积极参与，社会各界也给予了热情帮助。中共中央政治局原委员、中央军委原副主席、原国务委员兼国防部长迟浩田上将，对老区人民怀有深厚感情，对革命老区建设发展十分关注，欣然为《全国革命老区县发展史》丛书作总序。

丛书由总册和1599部分册（每个革命老区县编纂1部分册）组成，共1600册。鉴于丛书所记述的史实内容多、时间跨度长和编纂时间紧，不妥之处，敬请批评指正。

中国老区建设促进会

中共中央党史研究室

中史厅〔2010〕17号

对"关于要求确认饶平县
为中央苏区范围的请示"的回复

中共广东省委党史研究室

广东省老区建设办公室:

粤党史〔2010〕28号来件收悉。

根据来函请示,我们对饶平县当年是否属于中央苏区一事进行了认真研究,并对随函所附《闽西苏维埃政府通告第九号》、《福建省第三次党代表大会代表自愿承认领导群众加入红军的统计表》等革命历史文献,以及老同志回忆材料和国民党方面的文献档案资料进行了审阅、查考。根据民政部、财政部1979年6月24日有关文件规定的第二次国内革命战争(即土地革命战争)时期根据地划分标准,我们认为有关论证工作做得比较充分,现有资料可以证明,饶平县的一部或大部分地区在20世纪30年代初期曾先后系闽西苏维埃政

府、福建省(闽粤赣省)苏维埃政府所辖区域的组成部分。据此,可以认定今饶平县在土地革命战争时期属于中央苏区的范围。

此复。

中共中央党史研究室办公厅
2010年6月3日

2010年6月3日,中共中央党史研究室确认饶平为中央办区县;29日,饶平召开中国共产党成立89周年暨饶平被确认为中央苏区县庆祝大会(肖宏长摄)

饶平县城西区新
貌（肖建生摄）

饶平县城鸟瞰（余
永东摄）

三饶镇夜景（余
永东摄）

饶平县城晨曦（余永东摄）

饶平县城夜景（余秋松摄）

厦深铁路饶平段（庄国全摄）

沈海高速、宁莞高速和在建的大潮高速在饶平县境经过，形成便捷的高速交通网络。图为沈海高速饶平县钱东段出入口（黄锴迪摄）

厦深铁路饶平站场（饶平县交通局
提供）

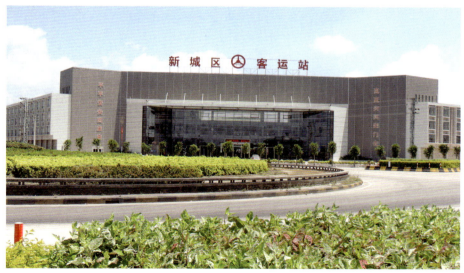

饶平县新城区客运站（肖宏长摄）

潮州港码头吊机（黄超英摄）

潮州港临港产业集群的大唐电厂、亚太通用码头（余永东摄）

饶平县樟溪低碳工业园区（余秋松摄）

饶平县樟溪低碳工业园区规划效果图（县重点项目办提供）

白鹭天堂——柏林镇西澳岛（郑顺忠摄）

黄冈河畔农田（余永东摄）

黄冈河畔的樟溪镇英粉村（杨义和摄）

汤溪镇青梅园（余秋松摄）

浮滨万亩茶园（余秋松摄）

饶平青岚国家地质公园（林树顺摄）

汤溪水库鸟瞰（肖建生摄）

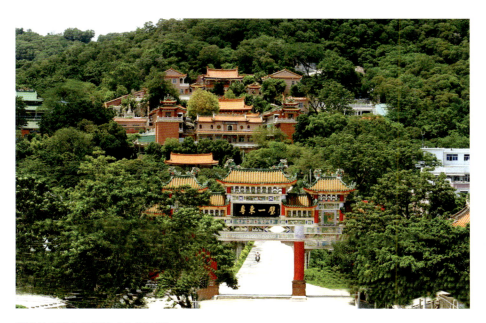

饶平县石壁山风景区（余献民摄）

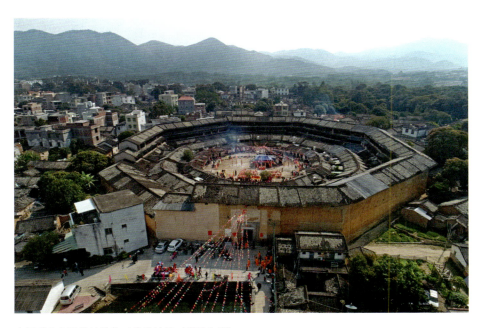

全国重点文物保护单位三饶道韵楼（肖建生摄）

广东省定贫困村浮滨镇黄正村创建社会主义新农村示范村新貌（浮滨镇政府提供）

广东省定贫困村樟溪镇英粉村创建社会主义新农村示范村新貌（樟溪镇英粉村委会提供）

"红色古村落，客家山水谣"——上饶镇永善村（张道韵摄）

黄冈镇霞东文化公园（余秋松摄）

2016 年 11 月 13 日，南粤古驿道定向大赛在饶平县举行（吴明俊摄）

2018 年 11 月 17—23 日，饶平县举办第三届农民运动会。图为农运会广场舞比赛（余秋松摄）

2017年1月1-3日，"大蚝之乡"汫洲镇举办大蚝美食文化节。图为开蚝大赛场面（张志鹏摄）

饶平县黄冈河端午节龙舟赛（庄匡金摄）

霞西布马舞表演（黄超英摄）

饶北节日舞龙表演（杨义和摄）

中共饶和埔诏县委机关驻地旧址——建饶镇白花洋村上禾埕祠堂

饶和埔诏县苏维埃政府铜质印章，现藏于福建省博物馆

2010年6月29日，饶平召开中国共产党成立89周年暨饶平被确认为中央苏区县庆祝大会（肖宏长摄）

2017年11月27—28日，在中共广东省委党史研究室的指导下，中共潮州市委、市政府和中共饶平县委、县政府大力弘扬苏区精神，举办"茂芝会议"90周年学术研讨会、"广东省国防教育示范基地""广东省党员干部党性教育基地"授牌仪式、"苏区精神永放光芒"主题文艺晚会等一系列纪念活动。图为出席纪念活动的领导嘉宾参观茂芝会议纪念馆（余秋松摄）

2017年11月27日，"茂芝会议"90周年学术研讨会在饶平召开（余秋松摄）

潮州红色文化名片——茂芝军事决策会
议。图为茂芝会议旧址全德学校外观及
内部展示（余秋松摄）

"茂芝会议"纪念馆

新丰镇洞泉陂墩村余
登仁故居

海山镇黄隆李沛群纪
念馆

饶平县举行烈士公祭活
动，缅怀革命先烈，弘
扬苏区精神（饶平县石
壁山风景区管理处提供）

自　序 / 001

第一章　县域和革命老区概况 / 001

第一节　县域基本情况 / 002

一、建置沿革 / 002

二、地理位置和面积、人口 / 003

三、自然环境和自然资源 / 003

四、文化和旅游资源 / 005

五、经济社会发展 / 006

第二节　革命老区评划及扶持 / 009

一、评划革命老区 / 009

二、革命老区村分布 / 010

三、确认为中央苏区县 / 018

四、革命老区建设扶持 / 019

第二章　大革命与土地革命战争时期 / 023

第一节　中共饶平党组织的成立与发展 / 024

一、中共饶平县支部成立及工农运动 / 024

　　　　二、中共饶平县部委成立后的形势 / 028

　　　　三、农民武装暴动及中共饶平县委成立 / 030

　　第二节　上饶赤色乡村武装割据与反"围剿"斗争 / 034

　　　　一、饶平农军暴动策应南昌起义军进占潮汕 / 034

　　　　二、茂芝军事决策会议 / 035

　　　　三、广东工农革命军东路独立第十四团与抗租斗争 / 037

　　　　四、支援福建平和暴动 / 038

　　　　五、上饶赤色乡村反"围剿"斗争 / 039

　　　　六、温子良惨案 / 041

　　第三节　恢复饶平县委　建立上饶苏区 / 043

　　　　一、恢复饶平县委，开展游击斗争 / 043

　　　　二、红军四十八团创建和发展 / 044

　　　　三、上饶区建苏分田 / 046

　　　　四、浮山、黄冈的革命斗争 / 048

　　　　五、饶平县委的反"围剿"斗争 / 050

　　第四节　饶和埔诏苏区的革命斗争 / 054

　　　　一、中共饶和埔县委建立 / 054

　　　　二、饶和埔县第一次工农兵贫民代表大会 / 055

　　　　三、饶和埔革命力量东移饶诏边境 / 055

　　　　四、艰苦的反"围剿"斗争 / 057

　　第五节　潮澄饶澳边（苏）区革命斗争 / 061

　　　　一、饶平西南部的革命斗争 / 061

　　　　二、中共潮澄澳县委成立和开展游击战争 / 064

　　　　三、开辟浮凤苏区 / 065

　　　　四、扩编红军，挺进闽南 / 067

　　　　五、巩固和发展浮凤苏区 / 068

第六节　坚持闽粤边区三年游击战争 / 070

　　　　一、浮凤苏区发展 / 070

　　　　二、中共潮澄饶县委在闽粤边艰苦斗争 / 071

　　　　三、桃源洞事件 / 073

第三章　全面抗日战争时期 / 075

第一节　抗日救亡运动 / 076

　　　　一、饶平的抗日救亡运动 / 076

　　　　二、海山、柘林民众抗日支前行动 / 077

第二节　潮汕沦陷与中共潮澄饶组织隐蔽斗争 / 079

　　　　一、党组织应变措施 / 079

　　　　二、党组织隐蔽斗争 / 080

第三节　沿海民众保乡卫土的抗日斗争 / 085

　　　　一、日军侵饶罪行 / 085

　　　　二、沿海民众保乡卫土的英勇斗争 / 086

第四节　党组织的恢复和抗日武装斗争的开展 / 088

　　　　一、饶平各级党组织恢复活动 / 088

　　　　二、扩大抗日武装斗争 / 089

第四章　解放战争时期 / 093

第一节　抗战胜利后饶平党组织的隐蔽斗争 / 094

第二节　恢复武装斗争，建立游击基地 / 096

　　　　一、建立莲花山武装活动基点 / 096

　　　　二、开辟上饶游击区 / 096

三、开辟饶中，联结闽南 / 098

第三节　解放区的建设和全县各游击区的蓬勃发展 / 100

一、上饶解放区的形成 / 100

二、饶中游击区的蓬勃发展 / 101

三、开辟东界游击区 / 102

四、开辟西厢游击区 / 104

五、对饶城展开军事、政治攻势 / 104

第四节　解放饶平全境 / 106

一、攻占饶城 / 106

二、国民党军的反扑 / 107

三、迎军支前，阻击胡琏残部 / 107

四、肃清残敌，全境解放 / 108

第五章　老区建设发展 / 111

第一节　万象更新齐发展 / 112

一、经济发展面貌新 / 112

二、综合治水促生产 / 115

三、滩涂围垦增效益 / 119

第二节　改革开放谱新篇 / 122

一、合理布局，发展特色产业 / 123

二、科学谋划，促进全面发展 / 125

第三节　龙腾虎跃奔小康 / 129

一、经济建设跃上新台阶 / 129

二、党的建设全面加强 / 133

三、文化建设展现新气象 / 136

四、社会事业协调发展 / 139

五、生态文明建设成效显著 / 140

附 录 / 143

附录一　革命遗址及纪念场馆 / 144

附录二　革命人物 / 151

附录三　革命歌谣 / 163

附录四　大事记 / 170

后 记 / 180

饶平县位于广东省最东部，东与福建省诏安县、平和县交界，北与广东省梅州市大埔县接壤，西接潮州市潮安区、湘桥区和汕头市澄海区，南与汕头市南澳县隔海相望，扼闽粤要冲，是海内外瞩目的红色沃土，于 2010 年被中共中央党史研究室确认为中央苏区县。

1926 年 1 月，饶平境内成立了中国共产党饶平支部，为闽粤边较早建立党组织的地区。1927 年 7 月，中共饶平县委成立后，着手筹建革命武装，开展革命活动，包括攻打饶平县城、浮山暴动、支援大埔县高陂暴动及福建平和暴动等一系列武装斗争，闽粤边的革命力量在饶平境内逐渐聚集壮大，初步形成红色割据局面。当年 10 月，朱德率领南昌起义军 2000 多人抵达饶平，在茂芝全德学校召开军事会议，做出"穿山西进，直奔湘南"的战略决策。此后，这支军队千里转战，于 1928 年 4 月上井冈山与毛泽东领导的秋收起义部队胜利会师。"茂芝会议"成为我党我军史上具有重要地位的一次军事决策会议。

新民主主义革命时期，饶平人民在中国共产党的领导下，艰苦斗争，战斗不息，直至革命取得最后的胜利。特别是土地革命战争时期，中共饶平地方党组织领导人民开展革命武装斗争，实现武装割据，进行了土地革命，建立了苏区。随着苏区范围的不断拓展，饶平苏区纳入中央苏区范围，在开拓红色交通线，输送物资和人员，创建医疗合作社、军械所，联络海外华侨等方面都做出了重要贡献，成为中央苏区和闽粤赣革命根据地的重要组成部分。这是饶平人民革命斗争史上最精彩、最辉煌的一段历史。

中华人民共和国成立以后，饶平人民在党的领导下，进行了一系列轰轰烈烈的社会主义建设。从1950年至改革开放前，饶平人民艰苦创业，大力发展生产力，建立以社会主义公有制为主体的经济体制，经济社会等各项事业取得较快发展，逐步改变新中国成立前"一穷二白"的落后面貌，全县出现了欣欣向荣的新气象。在改革开放年代，饶平县从农业稳县、工业立县、商贸活县到建设水利、交通，都取得了巨大的成就，并继续沿着建设"粤东大门、苏区大港、美丽乡村、幸福家园"的目标大步迈进，物质文明、政治文明、精神文明、社会文明、生态文明建设取得了丰硕成果。

2010年，饶平县被确认为中央苏区县后，经济社会事业焕发出新的生机活力，后发优势明显。党的十八大以来，饶平的发展进入新时代。在以习近平同志为核心的党中央坚强领导下，饶平人民高举习近平新时代中国特色社会主义思想伟大旗帜，不忘初心、牢记使命，增强"四个意识"，坚定"四个自信"，做到"两个维护"，弘扬苏区精神，全力以赴搞好经济建设；继续在精准扶贫、全面建成小康社会的征程上，不断开拓进取，开创建设美丽文明幸福饶平的新局面。

《饶平县革命老区发展史》编纂委员会

1

第一章

县域和革命老区概况

第一节 县域基本情况

一、建置沿革

饶平置县于明成化十三年（1477）。南宋初年，龙图阁学士王十朋游历于饶，夜宿城南双流寺，闻鼓角声，起视四方，见山川奇秀，说此处将来必为城邑，遂题"天下大乱，此处无忧；天下饥荒，此处半收"的碑记。置县时以此寓意"饶永不瘠，平永不乱"，而取县名"饶平"，并一直沿用至今。县治设于弦歌都下饶堡（今三饶镇），1953 年 1 月迁驻黄冈镇。饶平置县后，隶属潮州府管辖。清沿明制，饶平隶属潮州府未变。民国时期粤东地区行政区划多次更名，饶平隶属随之而变。中华人民共和国成立后，饶平县隶属多次更动：1949 年 12 月，属潮汕临时专员公署；1950 年 2 月，属潮汕行政督察专员公署；1950 年 10 月，属潮汕专员公署；1952 年，初属粤东办事处，11 月属粤东行政公署；1956 年 11 月，属汕头专员公署；1967 年 3 月，属汕头地区军事管制委员会；1968 年 3 月，属汕头地区革命委员会；1980 年 1 月，属汕头行政公署；1983 年 12 月，属汕头市；1991 年 12 月，属潮州市。

2019 年，饶平县下辖 21 个镇：上饶镇、饶洋镇、新丰镇、建饶镇、三饶镇、新塘镇、汤溪镇、浮滨镇、浮山镇、东山镇、新圩镇、樟溪镇、钱东镇、高堂镇、联饶镇、黄冈镇、所城镇、大埕镇、柘林镇、汫洲镇、海山镇。镇下设 355 个村民委员会、40 个社区居民委员会。

二、地理位置和面积、人口

饶平县位于广东省最东部，扼闽粤要冲，襟山带海，处于汕头、厦门两个经济特区之间。东与福建省漳州市诏安县、平和县交界；西北与广东省梅州市大埔县接壤；西与潮州市潮安区、湘桥区及汕头市澄海区毗邻；南濒南海，与汕头市南澳县隔海相望。县城设于县域南部黄冈镇。

全县总面积 2227.06 平方千米，其中陆域面积 1694.06 平方千米，海域面积 533 平方千米，海（岛）岸线 136 千米。2017年，全县总人口 1072471 人。其中有畲族、壮族、苗族、土家族、瑶族、黎族等 22 个少数民族人口 616 人，占总人口的 0.06%。旅居海外的华侨、华人和港澳台同胞约 60 万人，是广东省著名的侨乡。

三、自然环境和自然资源

饶平县东、西、北三面环山，南濒南海。黄冈河是县域最主要的河流，自北端发源，由北向南，纵贯全县，迂回流入南海，沿河汇集九村溪、食饭溪、新塘溪、浮滨溪、东山溪、新圩溪、樟溪、联饶溪 8 条主要支流和 10 多条小溪流，构成全县水系大动脉。县域地势北高南低，南北长 95 千米，东西宽 31 千米。北部千峰竞秀，海拔 1000 米以上山峰 10 座，最高山峰为西岩山，海拔 1255 米。中部山峦绵延，1959 年建成的正常库容量 2.86 亿立方米的大型汤溪水库处于其中，势若天湖，面积为粤东水库之冠。南部平原、丘陵濒临南海，黄冈河入海口以低丘及河积、海积平原为主，构成黄冈三角洲平原。沿海岛屿有 27

个，最大的海山岛面积 51.17 平方千米。新中国成立后围海造田 7 万多公顷，使海山岛、碧洲岛与大陆相连。海岸港湾多、港口多，有柘林、高沙、大埕三个较大的海湾，建有对外开放一类口岸潮州港。

自然资源方面，饶平有珍稀动植物 140 余种。古生物活化石苏铁蕨分布于县境中北部，山区森林覆盖率 56%；有铁、铜、钨、锡、高岭土、稀土等 23 种矿产，其中高岭土储量 1 亿吨以上，是发展陶瓷业的优越条件；水力资源 8.3 万千瓦，已开发 4.91 万千瓦；山海资源丰富，是茶叶、水果、蔬菜、海产品主产地。位于海山黄隆西南的海滩岩田，是世界上罕见的海洋地质奇观，居国内之最，堪称中华一绝。青岚地质公园是粤东地区唯一的国家地质公园。另有柘林"七夕井"温泉、云峰山下云峰兰苑、西澳岛"白鹭天堂"、七十二峰成岛屿的"百岛湖"——汤溪水库，集民俗文化、神秘游乐、度假旅居、会展中心、农业种养于一体的绿岛山庄和堪称"粤东一璧"的县城石壁山风景区。

改革开放后，饶平人民利用自然资源优势发展经济，陶瓷、茶叶、海洋渔业成为饶平的重要传统产业和经济支柱。饶平高岭土储量丰富，为饶平陶瓷业的生产提供了优越条件。陶瓷业发展强劲，2005 年、2019 年两度荣膺"中国日用陶瓷出口之乡"称号。饶平山地广阔，历来盛产茶叶，特别是名优品种岭头单丛茶，被列为"国宾茶"，得到广泛推广。近年来饶平茶叶产业规模和效益不断提高，是全国重点产茶县，被誉为"中国岭头单丛茶之乡"。饶平倚山面海，具备发展海洋渔业的天然条件。自古以来，饶平沿海人民以海洋为生产基地，大力发展海水养殖和海洋捕捞。水产养殖业形成海水网箱、对虾、鳗鱼和贝类四大养殖基地。海水网箱养鱼是饶平渔业经济的重要支柱，具有养殖周期短、产量高、经济效益好的优势，主要有红斑、青斑、鲈科鱼、鲷科鱼、美国红鱼等优质品种。

四、文化和旅游资源

饶平县历史悠久，文化底蕴深厚，人文景观丰富。

历史文化遗迹　有3000多年历史的新石器时代至商周青铜文化类型代表的"浮滨文化"。有明代民族英雄戚继光等抗击倭寇的重要战场大城所、旗头山炮台等遗址；郑成功抗清斗争的分水关史迹；有纪念孙中山主导的黄冈起义的中山公园、余既成纪念馆；有朱德领导的南昌起义部队在饶平召开的"茂芝军事决策会议"旧址——全德学校和纪念馆；有张竞生博士故居和纪念公园等。

古塔古寺庙　除省级文物保护单位元代镇风塔，另有晋代隆福寺、宋代林姜寺、永福寺、白雀寺、双流寺，云峰院、雷音禅寺、西岩寺、观海寺等明清古刹名寺。

古楼寨　全县有各种类型古楼寨781座，被列为文物保护单位的19处，其中省级文物保护单位5座。三饶镇南联村的道韵楼于2006年5月被列为全国重点文物保护单位。道韵楼建于明万历十五年（1587），以古、大、奇、美而享誉海内外。

饶平布马舞　布马舞是饶平一种独特的民间舞蹈，柜传是南宋时期江西籍瓷工师傅所授，流行于县内北部山区的上饶、饶洋、新丰一带。布马舞队形多变，动作优美，配以本地汉乐八大音锣鼓及唢呐伴奏，令观众百看不厌。传入黄冈后，改用潮州大锣鼓及潮乐伴奏，布马增至20多骑，并融入新编舞蹈，艺术效果大大提升。饶平布马舞以其精湛的表演艺术而享誉海内外，被誉为"粤东民间艺术奇葩"。

五、经济社会发展[①]

中华人民共和国成立之后，饶平人民在中国共产党的领导下，经过土地改革，进行大规模卓有成效的农田基本建设，治山治水，逐步改变贫困落后面貌，到 1956 年开始成为余粮县。1963 年以后跨进潮汕粮食高产县行列。1978 年，农业总产值 1.40 亿元（按 1980 年不变价计算），是 1949 年的 3 倍以上。在发展农业的同时，工业被列上经济主导地位，至 1957 年，成立 26 家国营工业企业，兴办化肥、电机、冶炼、塑料等机械化、半自动化工业企业。1978 年，工业总产值 1.06 亿元，比 1949 年增加 20 倍。1978 年社会总产值 3.05 亿元（按 1980 年不变价计算），是 1949 年的 5 倍以上。教育、卫生、体育等社会事业也得到极大的发展。

1978 年 12 月，中国共产党十一届三中全会召开，中国走上了改革开放和社会主义现代化建设的伟大历史征程。饶平县贯彻改革开放的方针，积极采取工作措施。农业坚持调整生产结构，粮、果、牧、副、渔全面发展。工业以轻工业为主，占比超过80%，主要有食品、能源、陶瓷、塑料、机械、饲料等行业，实行国营、集体、个体一起上，县、镇（乡）、村、户四轮一起转。第三产业蓬勃发展，全县一、二、三产业保持全面协调发展。地方经济迅速进入新的历史发展时期，人民群众生活水平不断提高。1989 年全县社会总产值 14.9 亿元（按 1980 年不变价计算），工农业总产值 70495 万元（其中农业总产值 25375 万元，工业总产值 45120 万元），是 1978 年的 2.9 倍，国民收入 73425 万元，全县税收收入 3572.8 万元，本级财政收入 4471.6 万元。

---

① 本条目数据参考饶平县地方志编纂委员会编《饶平县志》及饶平县历次政府工作报告。

中共十三届四中全会以来，饶平坚持以经济建设为中心，紧紧抓住改革开放的有利时机，努力处理好改革、发展和稳定的关系，从实际出发，走强农兴工之路，加快工业发展步伐。至2002年，全县工农业总产值87.08亿元（按1990年不变价计算）。其中，农业产值20.29亿元，工业产值66.79亿元，分别是1989年的2.8倍和12倍，工业占比明显增加，增速明显加快。国税总收入12650万元，地税总收入5911万元，本级财政一股预算收入7582万元，农村人均纯收入3332元。

中国共产党第十六次全国代表大会召开后，饶平县坚持科学发展观，坚持以人为本，把发展作为第一要务，以推动经济发展、改善人民生活为中心，抓创新、促改革，兴港口、上项目，优环境、提品位，谋民利、惠民生，积极加强招商引资，打造优质投资环境，大力实施大项目强县、民营经济富民发展战略，全面增强综合实力、发展活力和区域竞争力，不断推动全县经济社会跨越式发展。至2012年，全县实现生产总值170.9亿元，比上年增长10.7%；国税地税总收入16.16亿元，增长17.23%；公共财政预算收入4.05亿元，增长17.92%；固定资产投资总额35.71亿元，增长8.06%；社会消费品零售总额67.5亿元，增长11.8%；外贸进出口总额18.44亿美元，增长3.75%；农民人均纯收入7874元，增长15.2%。

中国共产党第十八次全国代表大会召开后，饶平人民在以习近平同志为核心的党中央领导下，认真贯彻落实习近平新时代中国特色社会主义思想，按照"五位一体"的总体布局协调推进"四个全面"战略布局，紧紧围绕建设"粤东大门、苏区大港、美丽乡村、幸福家园"这一总目标，着力推进稳增长、调结构、促改革、惠民生，全县经济社会发展迈上新台阶。至2017年，全县实现生产总值263.2亿元，规模以上工业增加值76.1亿元，全社会固定资产投资总额 97.33 亿元，社会消费品零售总额 116.28 亿元，财政总收入 55.02 亿元，一般公共财政收入 7.68 亿元，外贸进出口总额 9.03 亿美元，财政支出 37.65 亿元。县域经济稳步增长，发展环境明显优化，社会事业协调发展。

革命老区评划及扶持

一、评划革命老区

新民主主义革命时期，饶平人民在中国共产党的领导下，建立了潮澄饶、饶和埔诏、浮凤、饶中、东界、沿海地区等大片红色苏区和游击根据地。

1957 年，根据广东省人民委员会《关于评划革命老根据地标准的通知》精神，饶平县共有 108 个自然村评定为革命老根据地。其中红色根据地 78 个，红色游击区 30 个。

1989—1990 年，饶平县补评土地革命战争和抗日战争时期老区村庄 60 个。1991—1993 年，开展评划解放战争时期老区村庄工作。截至 1993 年评划结束，饶平县属于革命老区县，全县除黄冈、钱东、洪洲、海山、高堂、联饶 6 个镇外，上善、上饶、饶洋、新丰、九村、建饶、三饶、新塘、汤溪、坪溪、浮滨、浮山、东山、渔村、新圩、樟溪、所城、柘林、大埕、韩江、新安共 21 个镇（场）属于老区镇（场），老区村庄 698 个。其中土地革命战争时期 168 个，解放战争时期 530 个。

截至 1996 年底，饶平县共有 931 个村被确认为土地革命战争时期红色根据地和解放战争时期游击根据地。

二、革命老区村分布

饶平县被确认为土地革命战争时期红色根据地和解放战争时期游击根据地的老区村庄具体分布如下①：

上善镇② 土地革命战争时期红色根据地有柏嵩管理区（1998 年改为村委会，下同）的东坑、东华楼、荣兴、油麻田、营仔、南坑，柏峻管理区的隘子坑、洋湖坷、盆前、大路口、李屋坷、山蕉坷、下坷、新屋里、屋头埕，上坑管理区的上坑、柏林、苏典、半山，上善管理区的岭头、天背、永子良、长径、下斗、凤山、黄竹塘、鸭母坑，二善管理区的新楼、塘背、丘坷、对坑、乌石岗、南华楼、下水坑、肖屋牌、径楼、下径、楼子背，下善管理区的石马坑、中屋、茅元里、岩下、上楼子、新屋背、新华楼、老屋下，新善管理区的斜子塘、广福塘，永善管理区的赤凹、庵坑、磜下、东片、水波楼，红岩管理区的田竹排、东顺、下屋、墩背、塘坷里。

上饶镇 土地革命战争时期红色根据地有茂芝管理区的茂芝村，坝上管理区的杨上、杨下、上坪、周坑、阜头岗、大塘面、乾巷，康东管理区的柏子桥、洋子田、岭脚、白莲屋、案上、案下、坎头、排下、大头城、塘屋里、城下、田心、千秋巷、高岭下、东华楼、万东、万西、坑头角，埔中管理区的下大组，许坑管理区的华祝坑，上文管理区的泰文凹，埔坪管理区的上大组，康西管理区的深坑里，康贝管理区的康贝、枫树下，里坑管理区的里坑，峯塘管理区的峯塘，蔡子角管理区的西片角，新埔管理

---

① 资料来源：中共饶平县委党史研究室、饶平县老区建设办公室合编《饶平革命老区资料汇编》，内部发行 1997 年版。

② 上善镇于 2004 年并入上饶镇。

区的西埔、朝阳楼。解放战争时期游击根据地有坝上管理区的顺平、老厝、吉丰、自南、新南、竹林、和阳、新圩、自东，西片管理区的石吉路、七南周、上角、园塘背、下楼、上仓，马坑管理区的上屋、楼子、大楼，坑前管理区的大楼、新屋、老楼、营前，许坑管理区的侧面虎、上肖、下肖、扶阳寨、石子楼、大楼。

饶洋镇　土地革命战争时期红色根据地有石北管理区的滴水磜、坑尾、寨坑、溪背、高桥子、大坪、贵子坑、上塘、东凤、塘科、介祉楼，山前管理区的东兴楼、凤岗楼、南凤楼、高岗楼、河东、石坪里、大里冈、上书屋，埔下管理区的埔下屋、埔下楼、黄金塘，南星管理区的大门口、老楼、晋谷楼、坎下楼、大坪楼、城子里，安全管理区的前洋、长屋坝、燕坑，吴厝岗管理区的吴厝岗村，龙兴管理区的永兴楼、赤楼、上屋子、庵下，中先管理区的中先、简屋，大楼管理区的楼子、新楼，西岩管理区的上下湖，赤棠管理区的坑口，祠北管理区的贵坑楼、关西楼、上下田、亭岭、石楼，三乐屋管理区的三乐屋，蓝屋管理区的蓝厝，八瓜洋管理区的八丝楼、瓜园寨、洋较埠，凤岗管理区的游凤岗、金水塘，水南管理区的扶阳林、石头林、上金、下金、楼队、路下，水西管理区的石狮下、坑背、石坑里、葵坑口，水东管理区的东新楼、下新楼、东山林、角屋楼、本支湾，名扬管理区的铭扬楼、何屋，岗下管理区的桥头屋、鲍上、大科里、山予下、岗下、下科、坪上岗、下坪、陶前，祠东管理区的大陂楼、盘石楼、冬瓜园，大埔背管理区的泉空斗，上山管理区的河需岗、水井子、桐子岗、天上顶、南东峯、溪上、三马坑、石寮溪、搭水岭。解放战争时期游击根据地有安全管理区的园墩背、安福塘，大楼管理区的大楼村，赤棠管理区的赤丘田、棠下楼，水南管理区的坑头，水西管理区的西泰楼、西华楼、下寨，水东管理区的红岭，大埔背管理区的上屋、下楼、岭头楼、坑背、山塘屋，陈坑管理区的八角楼、塘尾、上坑、下坑角、下黄、青田里、昆仑山、井头、上楼、宫前，杨慈埔管理区的杨慈埔，溪背楼管理区的溪背楼。

新丰镇 土地革命战争时期红色根据地有新山管理区的田屋、塘下、塘西、汉塘、庵背、塘福里、仙公，大光管理区的苏屋、横柱、大楼、田中、楼窑，丰联管理区的顶坑、登坑、上老屋、溪墘楼、楼子角、新丰圩，新光管理区的岗背、扶阳楼、墩上、宫前、寨西楼、寨上、沈屋、老楼、下老屋、溪坝。解放战争时期游击根据地有上葵管理区的坑楼塘、余屋楼、余屋塘、埕楼、上溪屋、赖屋、陈屋、新华里、大屋、墩下屋、竹头下、溪子塔，新葵管理区的所塘柳、枫树桥、第一溪、牌上、袁屋、溪坝、下里、溪坝下、下丘、四角楼、大屋申、塘角、楼子、书斋、溪坝圩、新圩，下葵管理区的庙山、上楼、九和塘、长牛坪、田饶里、水堀楼、铁寮坝、英头寨、上坝、下坝、宽阳田、乌石楼，杨康管理区的黄坭柳、大梗楼、石壁岭、砍栋、新楼、书斋、科子、红楼、旧楼、溪塔楼、大楼、圩坝、耀东楼、广盛、严寨、埔尾，溁东管理区的田中、埔坪、里扬、溪坝、陶楼、大圩、竹青屋、大楼、观兰、祖屋、醋子楼、香熟砖，溁西管理区的白塔、下寨、溪子、灰楼、五金、新屋、杉铺、耀西、大陶、竹围、陈屋、丘屋、顶楼、新楼，仙坑管理区的仙坑，坪缺管理区的坪缺，田峰山管理区的新开田、山库面、倒背、长科、面塘、草子坑、归竹坑、潭子角。

九村镇[①] 土地革命战争时期红色根据地有三中管理区的三斗坑、塘子卜、溪尾山，中联管理区的曾竹坪、角子里、洋头角、汕腰铺、塘子角、郑屋，新康管理区的坝坑、黄屋、东角、上溪背、桥南、海罗地，泮洋管理区的泮华、洋头，汕水管理区的汕

---

① 九村镇于2004年并入新丰镇。

腰、石屋、大水坝、公下，洞泉管理区的陂墩。解放战争时期游击根据地有洞泉管理区的洞上、白石楼、高泉、老圩、半岭，锡康管理区的大光巷、三重溪、胡里背、曹黎、锡坑、扇地。

建饶镇　土地革命战争时期红色根据地有和里洞管理区的和里洞，白花洋管理区的白花洋、溪背、杨梅坑、牛眼峯，上楼管理区的林屋、茂石、沟百峯，麻寮管理区的大路面、新场。解放战争时期游击根据地有麻寮管理区的新屋、老屋、奇山、日里流、深丘、新田、枫树孟，卓村管理区的卓村、涂屋楼、牛角笼，杨梅坪管理区的杨梅坪，黄村管理区的黄村，饶中管理区的大峯、上城、下城，石坛管理区的石坛，中团管理区的中团，亚塘管理区的亚下、塘背、亚背头，秀溪管理区的秀溪、树皮寮，饶南管理区的大陂洋、田心、大岭、门仔科，锡坑管理区的锡坑，车岭管理区的内楼、外楼、旧洞。

三饶镇　土地革命战争时期红色根据地有溪西管理区的山美、西坡、田底、英坑。解放战争时期游击根据地有南联管理区的创石、南山张、南山陆、灰楼、南厝、塘墘、大楼、厝围、向南，南新管理区的田饶、祠堂、新楼，溪西管理区的后坑、祖厝、天宁寨、溪心、洋头塘、厝尾、牛厝，燕坑管理区的江西田、山枣脚、新厝仔、大塘北、廖厝埔、燕坑，溪东管理区的东山埔、旧寨、枫头、下湖、上寨，官田管理区的大坑、锦山、丰田、广业、月明、祖厝、田中、旧楼、田心、山边、后花、福山、广田、广福、下完、下杨、半岭、乌石坑，径口管理区的红楼、溪底楼、竹竿厝、灰楼，马岗管理区的刘潭、新楼、大祠、桥头，凤岭管理区的凤江、下山、岭头，新塔管理区的顶塔、塔云、田云，芽坑管理区的上林、半坎、顶楼、下楼，楼园管理区的顶楼、下楼、柑园，粮田管理区的粮田、竹林、楼顶，在城管理区的后埔、顶刘、北帝庙，河口管理区的下林、芳村、蔡枋寮、下李角、夏林楼。

韩江林场 土地革命战争时期红色根据地有山水管理区的山水村。解放战争时期游击根据地有茅坪管理区的茅坪、溪贝管理区的溪贝、西輋管理区的西輋、坪坑管理区的坪坑、坪溪管理区的坪溪、外桃管理区的外桃、内桃管理区的内桃。

新塘镇 土地革命战争时期红色根据地有南村管理区的岽未、深坑、城格厝、刺竹坑，西石管理区的东厝、银坑铺，顶厝管理区的汤兜、岽头顶、塘北，新楼管理区的土楼、新塘圩、新塘陈、新塘洋，新寨管理区的新寨，下坝管理区的太阳楼、竹排楼、新厝村，南淳管理区的龙居寨、新村，外宫管理区的毛磜。解放战争时期游击根据地有南淳管理区的南淳，外宫管理区的桐枳輋、岭头、山角、笼子后、马字、北山、莞尾，饶丰管理区的桃塘、石古田、粟塘、粟寮坑、小村岭、山口、营上、上运、后湖、东坑，东山管理区的东山、山后，乌洋管理区的乌洋、九坑、白面石、东坑、猫卜鼠、马安坪，上南管理区的上南，溪美管理区的溪美，新塘管理区的古墩、白石块、夏姑山、赶头、乌石山、朱坑、平头楼、竹宅、下楼、云前、桥头朱。

汤溪镇 土地革命战争时期红色根据地有桃源管理区的桃源。解放战争时期游击根据地有桃源管理区的太湖、白沙潭、新园、书斋岭，吴坑管理区的东坑、巩輋、岭门、南坑、大坑、内坑，半径管理区的梅树下、湖池山、半径，居豪管理区的岭下、居豪、东塘、南塘，大门坑管理区的凤坑、大门坑、上坑，青竹径管理区的新桥、果丰、东径、草塘北，北坑管理区的岩山、北坑、北新，溪头管理区的大山、内曹、溪头，乐岛管理区的乐岛村，桃西管理区的大水坑、西脚、桃花，麻寮管理区的麻寮，围罗管理区的上围、下围、牛角湾、罗坑，花桥管理区的官輋、路水坑、河西、河南、白水塘、下坝、妈宫山、麻竹柯、东阳。

坪溪镇[①]　土地革命战争时期红色根据地有古山的古山村、东里管理区的东里，上社管理区的上社，夏校管理区的寨后，割埔管理区的青官、割藤埔，坪山管理区的茓居岽、布姑娅、南坑、碗窝、后寮，三红管理区的红花树、三丘田、张厝尾、三坑、打高尾、水鸭石、桂竹坑、刘厝、顺风礤。

新安林场[②]　土地革命战争时期红色根据地有沃潭管理区的牛角屋、葵塘、岭脚、沃潭、鸡笼山、口含、礤下，排江管理区的底寮、坑尾、北岭、江渔潭、大厝、大岭坑，径楼管理区的径楼、竹丛、棋山。解放战争时期游击根据地有下安管理区的下安。

浮滨镇　解放战争时期游击根据地有桥头管理区的桥头、九十坑，德岭管理区的德业，宫下管理区的宫下、宫上、十四江、含尾、马脚寨、坑内，虎头山管理区的虎头山，欧阳山管理区的欧阳山、云岭，寨上管理区的寨上，大榕管理区的大榕，中段管理区的中段，麦园管理区的麦园，土坑管理区的土坑，新埔管理区的下楼、坑畔、大楼，五祉管理区的五聚楼、寨围、莲祖、鸣阳楼、灰楼、田嘴口、杨美，荆山管理区的荆山楼、祖厝、厚理楼、云坑楼，大新溪管理区的新寮、溪西、大东，石槽管理区的石槽，宫边管理区的宫边、铺前、中山楼，黄正管理区的正坑、黄竹溪、犁壁面、四斗坑、径外，柘林管理区的柘林、大尖，大榕铺管理区的大榕铺、车田。

浮山镇　土地革命战争时期红色根据地有东洋管理区的太石村。解放战争时期游击根据地有大坑管理区的大坑，玉田管理区的玉田，下楼管理区的水头、福阳、南行、新厝，方饶管理区的方楼、饶田，石壁管理区的石卢、石林，坪洋管理区的祖厝、旧

---

①　坪溪镇于 2002 年并入浮滨镇。
②　新安林场于 2004 年并入浮滨镇。

楼、新楼、石坡尾、红旗，下塔的下塔村，汉塘管理区的汉塘，军埔管理区的军埔，五联管理区的金厝围、埔尾、溪口、客寨、前田，麻湖管理区的麻湖，荔林管理区的荔林。

东山镇 土地革命战争时期红色根据地有大片管理区的斗村、见涧、大片、安下（庵下）、灰坡，长教管理区的长教、石仔岭、坡厝、西坑，西山管理区的西山、白虎头，湖岭管理区的湖岭、早田、坝头、龙虎坑，双罗管理区的双罗、群彩洋、鸭母坑，水美管理区的中段、苍光、犁光、新光、东星。解放战争时期游击根据地有红丰管理区的洋心楼、田厝、坎丰、湾头、上乾、中乾、祖厝，东明管理区的东明、坪上，东山管理区的林厝（东丰）、东光、东红、洋心楼、坡下、河东、河西，东南管理区的坪光、宫前、北光、红光、南光、慈美楼、长边角、东元。

渔村镇[①] 解放战争时期游击根据地有永盛管理区的永盛，明堂管理区的明堂，金背管理区的金背，长柯管理区的长柯，龙塘管理区的龙塘，西坑管理区的西坑，燎星管理区的燎星，梅林管理区的梅林，坎下管理区的坎下，下村管理区的下村，南洋管理区的南洋，新楼管理区的新楼，旧楼管理区的旧楼，下书管理区的下书，后头管理区的后头、上头。

新圩镇 解放战争时期游击根据地有霞光管理区的霞光，冯田管理区的冯田，南山管理区的南山、市田、曲河，左麦管理区的左芽、麦园，侨光管理区的侨光，苗田管理区的苗田，田中管理区的田中，锦华管理区的锦华、芹青、灯光，长彬管理区的长彬，西山管理区的西山、鹿鸣，豪光管理区的豪光。

联饶镇 土地革命战争时期红色根据地有群力管理区的林厝寮、许厝寮、张厝寮、龙舌行、新月堂、旧月堂、顶铜双寮、下

---

① 渔村镇于2002年并入新圩镇。

铜双寮，赤坑管理区的赤坑。解放战争时期游击根据地有新陂管理区的新陂。

樟溪镇 土地革命战争时期红色根据地有青岚管理区的杨梅坑、石蛤、木堂、秀才堂、下埔、曹厝、山芹，柘林管理区的南蕉坑，径北管理区的庵前、乌秋坪，四罗管理区的宽田、鹅面寮、莲塘、新厝，乌溪管理区的乌溪、瓦窑头，内庵管理区的大庵、庵畔，军寮管理区的军寮、兴彬，魏厝楼管理区的魏厝楼。解放战争时期游击根据地有烈火管理区的西岭、新铺、新城、顶楼、鸣岐楼、会岗楼、世居楼、祖厝、溪畔、金厝岭，龙光管理区的龙光，锡坑管理区的锡坑，安溪管理区的安溪。

钱东镇 土地革命战争时期红色根据地有礼堂管理区的礼堂、寨子、刘厝角，径中管理区的埔尾、前人家、后人家、潘厝园、黄山坑、杨厝、邱厝。解放战争时期游击根据地有紫云管理区的紫云，钱塘管理区的钱塘，灰寨管理区的灰寨、塔护，径南管理区的内寮、卓花村、下河。

黄冈镇 土地革命战争时期红色根据地有龙眼城管理区的龙眼城、汛洲管理区的汛洲。

海山镇 土地革命战争时期红色根据地有石头管理区的石头。

所城镇 解放战争时期游击根据地有高埕管理区的高埕，所城管理区的所城，神前管理区的神前，城南管理区的城南，岭后管理区的岭后，龙湾管理区的龙湾、上湾，鸿东管理区的惠陶、东山、南山、东段、下寨，西寨管理区的西寨，鸿南管理区的鸿南，鸿北管理区的鸿北，北山管理区的北山。

大埕镇 解放战争时期游击根据地有程南管理区的东村、程南、西城，红花管理区的红花，上黄管理区的上黄、汤厝，溪美管理区的溪美，田美管理区的田美，东埕管理区的东垵，上东管理区的下塘、上里。

柘林镇　解放战争时期游击根据地有西沃管理区的新乡、旧乡、花园，柘北管理区的上汤、下汤、后井、新鸡，柘中管理区的石井、新街、海滨、长桥、东片、汤村。

三、确认为中央苏区县

土地革命战争时期，闽粤两省交界的饶平和平和、大埔、诏安四县人民在中国共产党的领导下，创建了饶和埔诏苏区。它连接了闽西苏区，并先后隶属于闽西特委、闽粤赣特委、闽粤赣省委、福建省委领导，是中央苏区的重要组成部分。2010 年 4 月，中共饶平县委向中共广东省委党史研究室、广东省老区建设办公室请转报中共中央党史研究室确认饶平县为中央苏区范围的请示。随后，中共中央党史研究室对饶平县当年是否属于中央苏区一事进行了认真研究，并对随函所附《闽西苏维埃政府通告第九号》《福建省第三次党代表大会代表自愿承认领导群众加入红军的统计表》等革命历史文献，以及老同志回忆材料和国民党方面的文献档案资料进行了审阅、查考。按照民政部、财政部 1979 年 6 月 24 日有关文件规定的第二次国内革命战争（即土地革命战争）时期根据地划分标准，中共中央党史研究室认为饶平县的一部或大部分地区在 20 世纪 30 年代初期先后系闽西苏维埃政府、福建省（闽粤赣省）苏维埃政府所辖区域的组成部分，并于 2010 年 6 月做出认定"今饶平县在土地革命战争时期属于中央苏区的范围"的回复。饶平县被确认为"属于中央苏区的范围"，恢复了饶平县在土地革命战争时期的历史地位，使饶平县成为全国为数不多的中央苏区县之一，是广东省继大埔县、南雄县（今南雄市）之后第三个中央苏区县。

四、革命老区建设扶持

（一）成立机构

1957 年 4 月，成立饶平县革命老根据地建设委员会（简称"老建委"），下设办公室，配专职干部负责办理建设老区日常事务。各重点老苏区也分别建立"老建小组"。1959 年至"文化大革命"时期，老区建设工作停顿。1980 年 6 月恢复"老建委"机构，设委员 7 人，由县长、县人大常委会主任兼任正副主任。老建委下设办公室，由民政局局长兼任办公室主任，并配三名专职干部抓具体事务。1990 年 5 月，饶平县老区建设研究促进会成立，理事长由张文声、黄天成、詹盛担任，秘书长吴国严。会员主要由县离退休老干部组成。

（二）扶持生产

饶平三面环山，南濒南海。新民主主义革命时期，老区人民在中国共产党的领导下，利用地形，艰苦奋斗，不顾牺牲，为夺取革命的胜利做出贡献。新中国成立后，三面环山的环境，更多意味着土地荒僻贫瘠、生产建设恢复缓慢、交通不便。党中央十分重视老区建设，加大扶持力度，帮助解决老区人民的饮水、照明等问题，改善交通运输条件，推进生产和建设事业不断向前发展。据不完全统计，1951—1958 年上级拨给饶平县老区款项40.52 万元，计救济款 2.2 万元、修房建房款 3.37 万元（维修2726 间，新建 101 间）、兴修水利款 47650 元（20 宗）、修筑公路款 30.17 万元（120 千米）；另有大量物资，计衣服 25.6 万件、被帐 2357 件、农具 2586 件、耕牛 3675 头、柑 9.79 万株。这一期间修建学校 7 所、卫生所 8 间、瓷窑 8 座，造林 6547 公顷、种柑163 公顷、茶 280 公顷、竹 4580 株、菠萝 11.40 万株。

进入改革开放时期，随着各级老苏区建设委员会的恢复，老区建设再次得到重视，不断获得开发扶持资金，老区人民生产生活水平得到较大提高。1981—1986 年，省、市老建委扶持饶平建设老区，共投入老区开发扶持资金总额 239.3 万元，用于发展工业、种植养殖业。同期，饶平县老区建设办公室恢复后，县内工交、财贸、农林水、文教、卫生、民政等部门也大力支持老区建设，对老区林业、陶瓷生产，水利水电、道路交通等基础设施建设，教育卫生事业发展，果品、木材加工业等进行扶持支援，共投入老区开发扶持资金 586.31 万元，包括：林业部门扶持发展种植业投资 51.05 万元，水电部门扶持修建水利、水电工程拨款 118.45 万元，教育部门拨款 77.7 万元修建教室校舍，卫生部门拨款 13.72 万元投入卫生事业，交通部门拨款 64.27 万元修建桥梁、公路，财贸、企业部门拨款 79.22 万元扶持发展陶瓷、果品和木材等加工业，县山区办公室拨款 93.5 万元扶持种植茶果等，民政部门扶持投资及救济共 87.9 万元。从 1997 年开始，省市县老苏区建设委员会对老区建设扶持资金投放主要有：一是对经济实体的扶持，主要扶持开发老区资源型企业，如种养、加工、水电站等；二是改善老区生产、生活基础设施，帮助老区群众解决"五难"问题，即饮水、照明、行路、看病、上学等五个方面生活上的困难问题。据统计，1987—2005 年，共投入老区开发扶持资金 3079 万元，其中用于扶持开发老区资源型企业（种养、加工、水电站等）等经济实体 132 宗，帮助老区群众解决"五难"问题 598 宗，老区人民生产生活水平不断提升。

同时，老区建设也得到各级党委政府的重视。1994—1998 年，贯彻广东省委、省政府《关于加强革命老区建设，扶持革命老区发展经济的决议》精神，加大对老区的扶持力度，建设步伐加快。五年间，共投入老区扶持资金 2.6 亿元，主要用于老区交通、通讯、电力、饮水、水利、教育、卫生、文化、社会福利等设施建设。同时，因地制宜开发"一乡一品"特色经济，利用老区自然优势，重点扶持开发名、优、特产品。如坪溪岭头白叶单丛茶，上饶、饶洋、新丰、九村的彩瓷业，浮滨、樟溪、汤溪、渔村的名优水果及沿海的对虾养殖。1996—2000年，省、市二级共投放资金86.7万元，帮助县边远分散老区村庄、水库移民区村庄移民搬迁。汤溪镇北坑的岩山、半径的梅树下、大门坑的凤坑，上善镇永善的庵坑，东山镇长教的碑厝和浮滨镇柘林的大夆，共6个老区村庄146户599人实现移民搬迁。在老区村庄所属行政村选择合适的宅基地，由镇村统一规划、统一设计、统一施工、统一搬迁，一步到位地解决了原老区村庄存在的"五难"问题。2001—2002年，贯彻广东省老区办《关于减免老区有偿扶持资金的通知》精神，分两批对县126个破产关闭、丧失偿还能力的经济实体项目进行减免，共减免有偿扶持资金403.87万元。

2010年6月，饶平县被确认为"中央苏区县"后，随着国家和省级对原中央苏区地区振兴发展的高度重视，饶平经济社会事业焕发出新的生机活力，后发优势明显。党的十八大召开后，饶平人民在以习近平同志为核心的党中央的领导下，认真贯彻落实习近平新时代中国特色社会主义思想，紧紧围绕建设"粤东大门、苏区大港、美丽乡村、幸福家园"总目标，着力推进稳增长、调结构、促改革、惠民生，全县经济社会发展不断迈上新台阶。

第二章

大革命与土地革命战争时期

中共饶平党组织的成立与发展

1919 年 5 月 4 日，五四运动爆发，翻开了中国新民主主义革命新篇章。1921 年 7 月，中国共产党成立，一支代表中国前进方向的力量诞生了。1925 年后，在国共合作、海陆丰农民运动影响和国民革命军东征胜利的推动下，饶平工农学生运动迅猛发展，在此基础上建立了饶平党团组织，把全县反帝反封建斗争推向高潮。

一、中共饶平县支部成立及工农运动

（一）中共饶平县支部的成立和党团组织的发展

1925 年 3 月，东征军胜利开进潮汕。在周恩来的领导下，一批党团骨干进入潮汕，宣传进步思想，了解人民疾苦，为潮汕党团组织的建立奠定了基础。以林琼璜为代表的知识青年，在外地读书时加入中国共产党，此时陆续回到县内领导工农运动。11 月，国民革命军第二次东征，迅速歼灭陈炯明残部。12 月，在周恩来提议下，中共潮梅特别委员会（简称潮梅特委）成立，统一领导潮梅地区党的工作和革命运动。在工农革命运动迅速发展的形势下，1926 年 1 月，中共饶平县支部于饶城成立。支部有林琼璜、黄世平、杨沛霖、林逸响、詹天锡、詹宗鲁等六名党员，支部书记林琼璜。

中共饶平县支部成立后，成为全县工农运动的领导核心。

1926 年春，支部成员分赴饶城、上饶、黄冈、隆都（今属汕头澄海）等地领导开展工农运动。林琮璜驻饶城，领导饶城郊区的农民运动，筹备成立县农民协会，并协助指导上饶区农运工作。黄世平负责领导全县工人运动，做好中华工会饶平分会的改组工作，筹备成立饶平县总工会，并协助指导浮山区的农运工作。林逸响、詹宗鲁驻上饶，负责上饶区的农运工作。杨沛霖驻黄冈，负责黄冈及沿海的农运工作。詹天锡驻隆都，在后沟一带乡村开展农民运动。

1926 年 1 月 15 日，广东省农民协会潮梅海陆丰办事处在汕头成立。不久，办事处派共产党员王兆周为特派员，到饶平协助农运工作。3 月，潮梅特委改称中共汕头地委。四五月间，汕头地委派杜式哲到饶平协助发展党团组织，加强农运领导。杜式哲抵饶平后，在林琮璜、黄世平的陪同下，到饶城郊区、上饶、浮山等地指导农运工作，在运动中吸收张修省等一批优秀骨干入党。至 6 月，全县党员由 6 人增至 18 人。

在积极扩大党组织的同时，共青团组织也随着发展。1926 年 4 月，共青团汕头地委派黄连渊来饶平组建共青团组织。抵黄冈后，黄连渊在杨沛霖的协助下，于饶平二中吸收周卓夫、余肇辉、罗海梧、余鹤腾、林书瑞、张骅等六名学生入团。林琮璜等在饶城吸收廖静波、林纪元、詹炳光等入团。至 4 月底，全县有团员 16 人，遂成立共青团饶平支部，书记黄连渊。

（二）工农运动蓬勃发展

在中共饶平县支部的领导下，全县工农运动迅猛发展。

工人运动方面，至 1926 年 2 月底，除饶城、黄冈各行业工会继续扩大外，新丰九村成立瓷业工会，东界、海山成立晒盐工会，浮山木船工会和洪洲轮渡工会也相继成立。行业工会遍及饶平各地，会员 3000 多人。3 月 8 日，饶平县第二次工人代表大会在饶城召开。会上，中华工会饶平分会改组为饶平县总工会，黄世平当选总工会主席。大会发表了《中华工会饶平分会改组宣言》。汕头地委派到饶平指导工人运动的朱叟林，参加了县总工会成立大会。

饶平县总工会成立后，在黄冈成立饶平县总工会饶南办事处，主任洪友雪，同时成立岭东轮渡总工会饶南办事处，主任余肇辉。4月初，黄冈工人纠察队成立，队长黄平章，全队50多人，拥有步枪20多支。工人纠察队在保护工人利益、维护社会治安上起了一定作用，成为饶南人民反帝反封建的一支武装力量。

农民运动方面，饶平北部的上饶、饶城两区，是全县农运发展较快的地区。党支部派党员林逸响、詹宗鲁与农运骨干廖静波、林纪元、刘云从、詹炳光、詹籍任等到各乡村发动农民组织农会。至1926年2月，上饶区的二祠、水口、石井、茂芝、岭案、双善等村都建立了农民协会，并召开上饶区农民代表大会，成立上饶区农民协会。

1925年秋，张修省、何存真等在饶平中部的浮山区培训农运骨干，并于同年冬成立何厝村农会。在张修省、陈光辉、杨奇峰、余定梓等人发动下，1926年春，东洋、浮山、东官、荔林、长教等村成立农会。张修省、何存真又到闽粤交界的双罗、胡岭（今湖岭村）、渔村等山区组织农会。至1926年4月，浮山区建立了14个乡村农会。4月下旬，浮山区农会成立。

1926年春，杨沛霖率周卓夫、许乃广、张西山、张步云、林荫棠等深入黄冈及沿海一带乡村宣传发动。至4月，霞绕、上新（碧岗）、步上、龙眼城等村成立了农会。

至1926年4月底，饶平县已建立饶城、上饶、浮山3个区农会和33个乡农会。同月于饶城林厝祠召开第一次农民代表会议，成立饶平县农民协会，会长林琼璜。同时选举张伯良（饶城区下寨村农会骨干）为广东省第二次农民代表大会代表，于 5 月 1 日出席在广州召开的农民代表大会。县农会成立后，派骨干廖静波到黄冈负责农运工作，在黄冈的凤岗公所筹建饶南农民协会。这时，黄冈郊区的霞绕、碧岗、仙春、内寮、林厝埭等村都成立了农会。下半年，全县各乡村初步掀起减租减息的斗争。

5 月 12 日，饶平县总工会和县农民协会发动饶城工农商学各界 3000 多人，于饶城后马房广场召开驱逐饶平县长蔡田的大会。会上，各界代表揭露蔡田贪污枉法劣迹，通过《驱蔡宣言》，通电全省各地，并致电广东省政府，要求究办蔡田。会后，群众推选林琮璜、黄世平、廖静波、林纪元为代表，率请愿队伍到县衙请愿。黄冈的县立第二中学师生和各行业工人，于当日在大衙广场召开 1000 多人的驱蔡大会，举行示威游行。浮山区召集浮山、东官、荔林、长教、胡岭等 14 个村的农会会员和师生集中在浮山埠举行驱蔡大会。不久，广东省政府将蔡田革职究办。

驱蔡运动胜利后，全县农村革命气氛更加活跃。1926 年 7 月，廖静波在黄冈以霞绕为重点，进一步在区北（今联饶）、寨上、竹林、山门、里和睦、内寮、下浮山等村建立农会，并成立饶南区农民协会。下半年，饶城、黄冈、隆都等地相继展开打击封建势力的斗争。

农民运动的蓬勃发展，引起豪绅地主的恐惧和反对。为保护农民的合法权益，以打击豪绅地主的进攻，中共饶平县支部和饶平县农民协会，根据中共广东区委关于"组织农民自卫军"的指示，于 1926 年下半年，着手在全县各地建立农民自卫军。

为支持国民革命军北伐，协助阻击北洋军队入侵潮汕，杜式哲、林琮璜、詹宗鲁等奔走各区乡，动员扩大农军，筹集武器弹药。10 月初，林琮璜、詹宗鲁于新丰召开各乡农会骨干会议，组织新丰农军助战团。同月 12 日晨，新丰、九村、二祠、水口、石井埔下楼等村农军四五百人及新丰农军助战团，协助国民革命军独立四师张贞部于新丰葵坑口阻击闽军第一师张毅部，并取得胜利。

二、中共饶平县部委成立后的形势

（一）中共饶平县部委成立

1926 年下半年，中共饶平县支部在工农运动中吸收刘瑞光等优秀骨干入党，詹炳光、廖静波、周卓夫等共青团员转为党员，党员余登仁（原名丁瀛）、詹前锋从上海、北京回乡，参加饶平党支部的工作；张碧光（又名宏昌，蕉岭县人）受上级党组织派遣，到饶平第一中学任教，也参加支部工作。至同年 10 月，全县党员由上半年的 18 名增至 78 名，在新丰、饶城郊区、浮山、黄冈等地建立了 8 个党小组。根据上级指示，为发展国共合作的革命统一战线，饶平党支部派杨沛霖、詹前锋帮助国民党饶平县党部进行改组工作。杨沛霖担任改组委员。

同年 11 月，为加强党的建设和对工农运动的领导，在饶城成立中共饶平县部委，书记林琼璠。随着党员人数的增加和革命形势的需要，新丰、九村、龙潭角、茂贝、饶城、浮山、黄冈建立了党支部。

中共饶平县部委成立后，抓紧健全和发展农民协会，举办农民自卫军模范队训练班，培养农军骨干，进一步壮大农军队伍，推动了工人、青年和妇女运动的发展。

（二）举办农民自卫军训练班

为提高农军的政治、军事素质，饶平县农民协会决定举办县农民自卫军模范队训练班。

1926 年 11 月中旬，在省农会派来的农军训练员王思静的协助下，于饶城詹厝祠举办训练班。参加训练班的学员共 46 名，由上饶、饶城、浮山等区农会选派参加。学员都是思想觉悟较高、斗争坚决的农军或农会会员，训练时间 4 个月。中共饶平县部委及时在训练班中发展党的组织，吸收了詹海山、詹自强、刘子青、詹锦云、余光照、刘火、袁茂等 11 人入党。上饶区是农民运动活跃的地区，许多学员经过葵坑口阻击战的锻炼，思想觉悟较高，入党要求迫切。在训练班上，上饶区 8 个学员就有 7 人入党。

训练班结束后，为扩大农军队伍，提高农军战斗力，上饶区各乡农会仿照县训练班的方法，从各村挑选一批精壮会员进行不脱产训练。至 1927 年 4 月，上饶、饶城、浮山等区均建立了农军大队组织。上饶区按自然地域划片，建立了新丰、九村、岭案三个大队。大队以下以村为单位成立中队，每个中队二三十人不等。

（三）争取一切权力归农会的斗争

1926 年底，中共饶平县部委在饶城邱厝祠召开党团联席会议，由林琼璜主持，杜式哲参加会议。会议部署继续扩大农会组织，加速发展农民自卫军，实行减租减息，争取农会主政乡村的斗争。会上决定派詹籍任、詹炳光、林纪元、廖静波为县农会联络员，加强对上饶、饶城等区农民运动的领导。在上饶、饶城部分农运发达的乡村开展减租减息、清算地主豪绅包揽公款的斗争，坚决取消农村中的旧俗陋规，严禁烟、赌，反对一切苛捐杂税，维护社会治安，争取一切权力归农会。

1927 年 2 月，县农会在上饶盘石楼召开全县农民代表大会，工、农、商、学各界代表 260 多人参加。会议回顾了县农会成立以来全县的农运情况，部署工作任务，并选举林琼璜、刘瑞光、詹自强等为代表，于 2 月 23 至 26 日出席在汕头市永平酒楼召开的潮梅海陆丰第一次农民代表大会和劳动童子团代表大会。会后，林琼璜等到各乡村农会传达大会精神。根据代表大会决议，各乡农会统一印章、旗帜，农会门口一律升起犁旗；会员开会，必须诵读《农会会员守则》，佩戴会员徽章。

为力争农会成为主政乡村的权力机构，上饶区农会根据广大群众反对贪官污吏的迫切要求，由区农会委员刘瑞光、詹宗鲁、詹锦云率各乡代表，清算区长詹旭明贪污勒索民款的账目。饶城区为维护农民的合法权益，也对县警察局乱抓人的行为进行斗争。

随着工农运动的发展，饶平县党组织在革命斗争中培养吸收一批优秀骨干入党，至1927年4月，全县党员增至122名。在各地党组织的深入发动下，全县农军队伍不断壮大，建立了新丰、九村、岭案、饶城、浮山等五支农军大队，共1000多人。这五支农民武装，组织健全，具有一定的战斗力，成为乡村革命主力军。

三、农民武装暴动及中共饶平县委成立

（一）饶平农民武装暴动

蒋介石发动反革命政变后，1927年4月15日，饶平县国民党右派出动军警查封县工会、县农会和革命团体，下令通缉饶平县部委、工会、农会和新学生社骨干，形势十分险恶。林琼璜、林逸响、黄世平、詹前锋、詹宗鲁等从饶城转移至上饶山区；杜式哲隐蔽于饶城郊区的西陂、山美一带，领导群众坚持斗争；余登仁隐蔽在黄冈一名锡箔工人家中；张碧光身份未暴露，仍在饶平第一中学任教。不久，杜式哲、余登仁等进入上饶。

4月下旬，中共饶平县部委于上饶的丁坑村召开党、团骨干会议。会上，杜式哲传达了上级党委关于举行武装暴动的紧急指示，决定动员各乡农军参加武装暴动，反击国民党的进攻。会议部署了有关武装暴动事宜，决定由杜式哲、林琼璜、余登仁、林逸响负责全面指挥。同时成立中共上饶区委员会，林逸响为书记，余登仁、詹瑞兰、刘瑞光、詹炳光为委员。

1927年5月5日凌晨，以上饶区农军为主力，联合饶城郊

区、浮山区农军和农会会员共 1000 多人举行武装暴动，攻打饶平县城。

当农军开赴饶城时，九村、二祠农军 300 多人，首先围攻驻盘石楼的上饶区署。上饶区长闻风逃命，农军拘捕一名稽征员，收缴一批枪支。随后乘胜赶上大队参加进攻饶城。浮山、饶城两路农军也按部署参加围城。

上饶农军分二路攻打饶城：一路从北门攻入，一路破东门直捣县府。枪声打响后，国民党军溃败，县长蔡奋初带一班随从人员仓皇逃命。

农军进城后，烧毁县衙内的文书档案，破开监狱，释放在押"人犯"，惩治了豪绅和官吏，缴获步枪 7 支。饶城郊区农军还列队在城内游行示威。当天下午，各区农军撤离饶城。

5 月 6 日，县城农、工、商、学各界人士 30 多人在饶平一中召开联席会议，成立农工商学联合委员会，詹前锋、李芳柏、周子为、张纯瑕为正、副会长，同时组织县民政府，选举潘廷准为县民政府主任。

饶平县农民武装暴动的胜利，对潮梅各县有很大影响。5 月 8 日，海陆丰各界人民救党大同盟宣传委员会出版的《救党日报》特刊登载"饶平县农民于五月五日早大举武装暴动，攻破饶城"的紧要捷报。

5 月 19 日，潮梅警备司令部派所属第二营营长蔡西庚率两个连来饶"清剿"。蔡西庚进驻饶城后，查封了廖静波、林琮璜、黄丽泽等人的家产，并将廖静波、林大头的父亲和亲属扣押。事后，每人被勒索 7 块光洋。6 月初，蔡率军队进攻新丰、九村一带，放火焚烧上饶区农民协会会址与余登仁、林逸响、詹宗鲁等人的房屋，并派兵搜查浮山区农会。

（二）中共饶平县委成立

在国民党军队的反扑下，白色恐怖一时笼罩全县。少数骨干被迫逃往福建和南洋，部分乡村农会停止活动。但大批革命骨干在中共饶平县部委的领导下，仍在上饶山区继续带领工农群众坚持斗争。浮山、黄冈一带的革命骨干则转入隐蔽斗争。

为了应付严酷复杂的斗争形势，中共饶平县委于 1927 年 7 月在上饶区大陂楼成立，书记杜式哲，委员林琮璜、余登仁、黄世平、张碧光、林逸响、詹前锋、李仁华。同时成立共青团饶平县委，书记李仁华。县委辖上饶区委和浮山、黄冈两个支部；新丰、九村、二祠、岭案、双善等五个支部，归上饶区委领导。

中共饶平县委成立后，于二祠游凤岗村后的东屋坷庵召开会议，着手筹建革命武装，准备进行长期的武装斗争。随后，上饶区农会机关由新丰迁至二祠的盘石楼，领导各乡农会继续开展革命活动，扩大农民武装。不久，从新丰至双善形成一个拥有 65 个乡村、3 万多人口的红色区域，建立起一支 700 多人的农军队伍，上饶成为红色割据的革命基地。

大革命时期中共饶平县组织系统简表

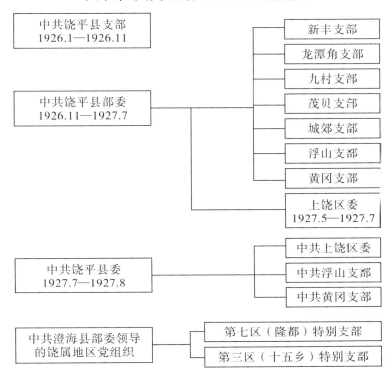

第二节 上饶赤色乡村武装割据与反"围剿"斗争

1927 年 4 月 12 日，蒋介石发动反革命政变，全国革命力量遭到巨大摧残，工农运动遭到严重挫折。8 月 1 日，以周恩来为书记的中共中央前敌委员会，领导北伐部队 2 万余人，在南昌发动起义，打响了武装反抗国民党反动派的第一枪。随后，起义部队撤离南昌南下广东。8 月 23 日，中共中央指示广东各地立即组织工农暴动，策应起义军。

一、饶平农军暴动策应南昌起义军进占潮汕

（一）支援高陂暴动与浮山农军暴动

1927 年 8 月下旬，中共饶平县委根据广东省委指示，派员到各区乡农会协助扩充农民自卫军，做好策应起义的准备工作。上饶区农军力量较强，成立了农军大队，大队长邱达川，党代表詹瑞兰。9 月中旬，南昌起义军经福建向广东大埔挺进。中共大埔县委决定在茶阳、高陂两地举行暴动。饶平县委派张碧光率领农军 50 多名支援高陂暴动，于 11 日一举攻占高陂区署。

9 月 19 日，起义军占领三河坝，朱德统率 3000 余人留守三河坝，周恩来、叶挺、贺龙率主力向潮汕进军。23 日，起义军进入潮州；24 日，起义军进驻汕头。为策应起义军进占潮汕，浮山区农会带领农军 130 多人攻占区署。9 月 30 日，起义军战斗受挫，被迫撤离潮州、汕头。10 月 2 日，国民党军警 100 多人"进

剿"浮山。浮山区农会主席张修省不幸被捕，于 4 日遭敌杀害。

（二）饶平农军第二次攻打饶城

朱德率军驻大埔三河坝期间，曾派交通员送信到饶平县委，约请他们派员到三河坝领枪，充实农军武装。1927 年 9 月 30 日，中共饶平县委派张碧光、刘瑞光、邱达川等带领上饶农军 46 人，从九村出发，途经高陂，赶到三河坝起义军指挥部。此时起义军正与尾追的国民党钱大钧部激战，农军领到 40 多支步枪和 400 多发子弹后，应朱德嘱咐即返上饶。

为支援三河坝阻击战，中共饶平县委于 10 月 4 日以上饶农军为主力，带领农会会员近 2000 人，再次攻打饶城。敌我双方相持一整天，傍晚时农军主动撤回新丰大埔巷村休整，计划翌日继续攻城。

10 月 4 日清晨，朱德率起义军从三河坝突围，经大埔的湖寮、百侯，于 5 日一早到达上饶。中共饶平县委书记杜式哲等闻讯前往迎接，同时派员分头动员各乡农会组织群众烧水、做饭，接待起义军指战员。杜式哲向朱德汇报饶平农军攻打县城受挫的情况，朱德听后即令第九军教育团 300 多人支援攻城。经半个多小时战斗，饶城军警弃城逃窜。是役，共打死打伤军警 50 多人。傍晚，获悉钱大钧部从高陂向饶平进逼，教育团即返上饶与部队会合。

二、茂芝军事决策会议

朱德所率起义军在三河坝时有 3000 多兵力。经三昼夜阻击战，部队减员近三分之一，到上饶时只剩 2000 多人，呈人困马乏，但纪律严明，对老百姓秋毫无犯。部队分散在上饶周围乡村住宿，指挥部设于茂芝圩（位于饶平北部）全德学校。

1927 年 10 月 5 日下午，朱德不顾征战疲倦，接见了饶平部分县区乡干部。当晚，朱德在茂芝高阳楼前群众欢迎会上发表演讲，勉励大家要坚信中国共产党的领导，同心同德，将革命进行到底。10月6日，从潮州突围的起义军第二十军第三师教导团参谋长周邦采带着沿途收容的200多名官兵辗转到达饶城，获悉朱德驻军茂芝，立即赶来会合。在这支队伍中，有后来成为人民解放军高级将领的粟裕、杨至成等。闻悉毛泽东的胞弟毛泽覃在饶城，第二十五师师长周士第特派军需主任周廷恩前往饶城将毛泽覃带到茂芝，尔后安排他在二十五师政治部工作。

周邦采向朱德汇报了起义军主力在潮汕失败的真实情况。消息传开后，一时军心浮动。此时部队已与中央和前敌委员会失去联系，周围又有国民党黄绍竑、钱大钧部数万敌军的堵截，队伍随时有被围歼或自行解散的危险。在这严峻时刻，朱德同几位主要领导干部商议，对时局和周边敌我态势加以客观分析，一致认为当务之急是发挥各级党组织的核心领导作用，教育广大官兵坚定革命信心，纠正悲观失望情绪。随后所属各部队立即层层召开党委、支部动员会，并通过党员对广大士兵进行耐心细致的说服教育，初步扭转了部分指战员的悲观消极情绪。

10月7日上午，朱德在茂芝全德学校主持召开了重要军事决策会议。到会的有周士第、李硕勋、陈毅、王尔琢、周邦采等20多位团以上干部。周邦采首先汇报起义军主力在潮汕失败的情况。接着，会议围绕能否继续高举南昌起义革命旗帜的问题，展开激烈的辩论。朱德再三表示不同意有人提出的"解散队伍，各奔前程"的主张。他强调指出：当前主力部队虽然在潮汕失败了，但是中国共产党还存在，革命武装斗争仍在继续，只要大家坚持下去，中国共产党领导的这支队伍仍有希望；现在尚存一个整师2000多人，是目前保留完整建制的队伍，南昌起义这面旗帜不能倒。更重要的是，大多数官兵痛恨国民党军阀，愿意跟共产党一起革命，一定要把南昌起义的革命种子保留下来，朝着共同目标奋斗到底。陈毅当即表示支持朱德的主张，拥护朱德的领导。许多同志也表示服从朱德的指挥。会议纠正了悲观情绪，一致支持朱德的正确决定，并做出甩开敌人，"穿山西进，直奔湘南"的战略决策。

7日下午，朱德率领起义军离开茂芝。临行时送给饶平农军12支步枪、一匹白马和100块光洋，同时留下20名伤病员。中共饶平县委派出10多名农军为前导，向平和县进发。县委书记杜式哲带领县区乡干部及农军群众随队陪送起义军至茂芝北面的麒麟岭。朱德再三勉励饶平县委要坚持斗争，不怕困难，革命到底。起义军经闽粤交界的柏嵩关，于8日清晨进入福建平和县城九峰。

朱德率领的这支南昌起义军，历经闽粤赣湘边境半年多艰难曲折的斗争，经过天心圩整顿、大庾整编、上堡整训，发动湘南暴动，队伍不断发展壮大，终于在1928年4月上井冈山，与毛泽东领导的秋收起义部队胜利会师，正式组成中国工农革命军第四军（后改称工农红军第四军）。茂芝会议成为中国人民解放军史上一次具有重大意义的军事决策会议。

三、广东工农革命军东路独立第十四团与抗租斗争

朱德率领的南昌起义军进抵饶平，给饶平武装斗争以极大的援助与支持。起义军在三河坝和离开上饶时共送给饶平农军步枪58支，还留下多名军事骨干。

1927年10月15日，中共广东省委发出关于组建工农革命军的指示。10月下旬，中共饶平县委在上饶祠西东屋坷庵召开会议，传达省委指示精神。会后，以上饶农军大队为基础，组建广东工农革命军东路独立第十四团。团长张碧光，党代表杜式哲

（兼），参谋长余肇辉。全团共 150 多人，有步枪 90 支、子弹 2000 多发，团部设在祠西塘背祠堂。根据斗争发展需要，上饶赤色地区按地域划分为五个管理区，农民自卫军改为赤卫军，各乡成立赤卫大队或中队，人数发展至 3000 多人。

12 月，第十四团在张碧光、余肇辉率领下，进攻九村乡洞上村的反动团防和海螺地反动堡垒，没收地主豪绅款项、粮食。葵坑乡地主豪绅利用宗族观念，煽动农民 1000 多人，于 1928 年 1 月 8 日（农历十二月十六日）到九村乡的坑子里、陂墩两村强迫农民交租，并放火烧毁民房。饶平县委派十四团联合九村乡赤卫队共 800 多人进攻葵坑乡，打死 1 人，伤 17 人。11 日，九村乡地主豪绅又带民团到陂墩一带小村抢夺群众财物和烧毁房屋。为击退地主豪绅的反扑，中共饶平县委发布《告葵坑农友书》，组织赤卫队再次攻打葵坑地主民团。地主豪绅互相勾结，树起"白旗"，公开与赤色乡村对抗。国民党当局纠集地主武装疯狂向赤色乡村发动进攻，斗争形势尖锐复杂。

1928 年 1 月 28 日，国民党饶平县长毛琦纠集马岗、溁溪、新丰、葵坑四乡的地主民团和县保安队 1000 多人，兵分两路"进剿"上饶赤色乡村。中共饶平县委和十四团避其锋芒，向九村撤退。毛部进区中后，烧毁了设在大陂楼的中共饶平县委机关，到处搜捕县、区、乡干部，烧抢干部的房屋和财产。杜式哲、张碧光等带领十四团撤退到上山村时，获悉九村一带赤色乡村也遭破坏。鉴于周围赤色乡村陷落，队伍给养困难，饶平县委决定将十四团暂行解散，分头隐蔽，等待时机恢复斗争。杜式哲、张碧光、黄玉书等到汕头找潮梅特委汇报，然后转入隐蔽斗争。

四、支援福建平和暴动

1928 年 2 月，广东省委派徐光英（广州起义军事领导人）到饶平协助恢复工农武装。徐光英到上饶后，与余登仁将分散隐蔽的原十四团部分武装骨干召集到柏子桥，组成一支 50 多人的赤卫大队，刘瑞光任队长。同时，原十四团第一连连长邱达川，以新丰的丁坑村为重点，组织一支 10 多人的游击队。赤卫大队和游击队经常打入白色乡村抓地主打土豪，潜入县城骚扰国民党驻军，扩大斗争影响。

饶平工农武装斗争的发展，对平和县农民运动起到极大影响。平和县位于福建西南部，毗邻饶平。1928 年初中共平和县临时委员会策划平和暴动时，中共福建省临时委员会指示平和临委要极力联络饶平农军。暴动前，平和临委书记朱积垒到上饶石井参加饶平县委会议，介绍暴动的计划部署，并请求饶平派出农军支援。

3 月 7 日，徐光英、刘瑞光等带领饶平农军 50 多人（又称洋枪队）赶到平和长乐与暴动队伍会合，下午在长乐乡上墩举行暴动誓师大会。会后，农军按暴动计划向平和县城九峰进发。3 月 8 日凌晨，平和暴动委员会总指挥朱积垒率福建工农革命军独立第一团和农军 1000 多人，在饶平"洋枪队"、永定"铁血团"、大埔太宁农军的密切配合下，进行武装暴动，一举攻下平和县城九峰。

平和暴动是福建工农武装夺取政权的序幕，开闽粤边联合暴动的先声。饶平农军勇敢善战的表现，得到平和县委的高度评价。

五、上饶赤色乡村反"围剿"斗争

（一）石井反击战

平和暴动后，闽粤边境形成了以饶平的上饶、大埔的埔东、平和的长乐、永定的金沙为中心的武装割据新局面。广东、福建的国民党当局对这片赤色区域加紧"围剿"，企图一举消灭赤色政权。

1928 年 5 月 22 日，粤军第十三军周济民部一个营联合饶平县保安队"进剿"中共饶平县委所在地石井乡。拂晓时分，敌分兵三路向石井乡进击。中共饶平县委发动群众配合赤卫队奋起反击。在原十四团第二连连长刘拾的带领下，100 多名勇敢善战的石井乡赤卫队员组成"敢死队"，誓死保卫乡土。

当国民党军进入石井乡时，愤怒的群众在"敢死队"的带领下冲锋陷阵。农会会员刘沾年过六旬，手执木棍奋勇冲杀，在抢回赤卫队员刘永的尸体时中弹牺牲。年仅 16 岁的童子团团员刘砖和 14 岁的刘木锅，拿着木棍与赤卫队员一道参加战斗。55 岁的张婵，在参战群众退入寨楼时，见村旁插着一面红旗，为使红旗不落入敌手，冲上前拔起红旗奔回寨楼。此时楼门已关闭，敌军用枪逼令她喊开楼门。她坚决拒绝，紧握红旗，痛骂敌兵。疯狂的敌军开枪射杀，张婵壮烈牺牲在楼门口。

詹前锋率双善、茂芝、岭寨赤卫队和农会员 1000 多人驰援石井乡，奋勇插入敌军背后，在杨梅树下与敌展开肉搏战，敌军慌乱溃退。石井反击战歼敌一个连兵力，俘获连长一名，缴获步枪 30 多支。战斗中，敢死队队长刘拾和队员刘普、刘儿、詹娘送、詹世文等 20 多人壮烈牺牲。

24 日，饶平县长毛琦率驻饶国民党军洗劫水口、扶阳林、葵坑口等赤色乡村，石井乡再遭攻击。赤卫队员采取灵活机动的战术勇猛反击，又一次击退敌军的进犯。

（二）茂芝保卫战

石井反击战十多天后，周济民部增派一个团及地主民团 3000 余人，于 6 月 8 日绕道石井乡背后的犁头崇山，分兵三路向石井乡进攻，来势极为凶猛。中共饶平县委闻警，即带赤卫队主动向茂芝撤退。国民党军进占石井后，群众死伤 100 多人，房屋被烧 100 多间。九村、水口、二祠、大陂楼等赤色乡村也相继遭受掠夺与洗劫。

6月10日，国民党军和地主民团5000余人，分东、西、中三路进攻茂芝。集结在茂芝的2000多名县区乡干部和赤卫队员分三路御敌。中路从茂芝正面阻击，并抽调100多名赤卫队员机动支援两翼作战；东、西两路赤卫队登上山头，踞高扼守，互相策应。激战两个昼夜，因敌我力量悬殊，赤卫队被迫撤出阵地，向双善山上撤退。12日，国民党军进入茂芝，强迫被包围的700多名群众每人交出17块光洋。詹昭康、詹木桃、詹益铁等七人因亢拒交款惨遭杀害。

国民党军队在茂芝、坝上驻扎70多天，杀害干部、群众20多人，茂芝、岭案、埔坪、康贝四个乡村被烧房屋700多间，被勒索光洋近1万元。国民党军队撤离茂芝后，逃亡的群众才陆续回家。

石井、茂芝虽遭疯狂扫荡和洗劫，但赤色乡村的干部和人民没有屈服。林逸响、詹锦云等带领部分县区乡干部和赤卫队转战双善山区，坚持游击活动；刘瑞光、杨必达、邱月波等转到浮山长教乡，与许庭标、余光照等会合，成立中共浮山区委。

六、温子良惨案

1928年6月8日，中共广东省委决定将东江特委、潮梅特委合并为新的东江特委，由彭湃任书记。中共饶平县委书记杜式哲调任东江特委委员，由林逸响接任饶平县委书记，县委机关设于双善温子良村。

国民党军重兵驻防茂芝坝上期间，派兵包围双善。民团头子詹瑶探知中共饶平县委驻地，向国民党军告密。8月9日晚，中共饶平县委在乌石岗召开会议。会后，大部分委员分头到各地传达部署工作，县委书记林逸响和委员詹锦云因事回温子良村。深夜，茂芝民团头子詹耀南、詹凤秋带国民党军和民团 400 多人绕道大木坳，于 10 日黎明前将温子良村团团围住。林逸响、詹锦云和乡农会主席林发等 18 人被捕。他们受尽毒刑拷打，始终坚贞不屈。六天后，国民党军把这些同志一个个用铁线穿透手掌游街示众，押至饶城下狱，后又转解到大埔县城茶阳。9 月 11 日被捕同志全部遭杀害。群众悲痛地称此为"温子良惨案"。

温子良村遭洗劫后，双善各村也被洗劫一空。但双善人民并没有被反动派的屠刀吓倒，反而更加激起对国民党反动派的无比仇恨。他们上山搭寮，以野菜充饥，咬紧牙根渡难关，誓同敌人斗争到底。

恢复饶平县委　建立上饶苏区

1928 年秋末，中共广东省委在潮安县的桑浦山召开东江特委扩大会议，传达中共六大制定的反对帝国主义和封建主义，实行土地革命，建立工农民主政权的革命纲领。根据省委指示，饶平恢复和发展了武装斗争，进而建立了上饶苏区。

一、恢复饶平县委，开展游击斗争

1929 年 1 月，东江特委从澄海调刘锡三到饶平恢复县委组织工作。刘锡三到福建诏安秀篆老虎坑村召开县委扩大会议，传达中共六大精神，同时宣布恢复中共饶平县委领导机构。由刘锡三、詹瑞兰、刘瑞光三人为常委，刘锡三任书记；刘金丹、连半天、邓逊群为委员。会后，刘锡三派袁伐、詹允吉、詹中丙等七人组成短枪游击队率先打回上饶，开展游击活动。随后刘锡三偕县委成员回到双善乡（县委机关设在双善的对坑村），带领武装人员分头开展秘密活动，惩办地主豪绅、民团头子和叛徒，打击反动势力和解决经济问题。中共饶平县委领导的游击队也逐步走向公开，处决了一批反动人物。6 月 3 日，游击队趁上饶洋较埠演戏之机，将在看戏的民团头子詹兰声当众击毙。这一行动对反动势力震动极大。茂芝的民团头子詹耀南等闻讯外逃；茂芝、康贝、埔坪等乡民团自行解散，并向游击队交出步枪 40 多支。至年中，县委游击队扩大到 40 多人；詹容率领的区联队发展到 100 多人；

上饶、浮山、黄冈三个区委建立了 10 个党支部，党员 130 多名。

六七月间，县委游击队出击大埔县的和村、沐教等乡地主民团，收缴一批枪支，拔除饶北边邻的反动据点。随后，游击队从双善乡开到岭寨的柏子桥驻扎。在外地做工的赤卫队员和农会干部也陆续回乡投入革命活动，各乡的农会、赤卫队、青年团、妇女会、童子团等组织得到恢复和发展，革命武装不断壮大。二祠、水口一带的赤色乡村相继恢复，革命活动延伸至新丰一带。随后，中共饶平县委机关从双善的对坑村转移到石井的蔡坑村。一个以石井乡为中心的革命根据地迅速形成，上饶赤色乡村人民在县委领导下，继续开展武装斗争。

二、红军四十八团创建和发展

（一）红军独立连建立

1929 年上半年，毛泽东、朱德率领红四军 4000 多人从赣南进击闽西，使闽西与赣南连成一片，形成稳固的中央根据地。饶平与闽西接壤，红四军的胜利和中央根据地的建立，极大鼓舞了饶平的革命斗争。

饶平当局眼看上饶革命力量迅速壮大，即向汕头驻军告急。驻汕蒋光鼐部于 1929 年 7 月 31 日派教导团第三营进驻饶城。三营第十三连有部分官兵参加过南昌起义，接受过进步思想教育，到饶平后听知朱毛红军在闽西节节胜利，见赤色乡村革命形势高涨，产生投奔红军之意。8 月 27 日夜，乘连长到汕头开会和官兵熟睡之机，排长杨福华、副排长赖华山等带领士兵枪杀副连长和两名排长，然后佯装追击土匪，将全连 80 多人带出饶城北门，直奔上饶。中共饶平县委派詹瑞兰、连半天，说服他们就地参加红军打击国民党反动派。詹瑞兰等把他们带到岩下村休息，就地成立红军独立连，连长杨福华，副连长赖华山。不久，转移到诏安官陂龙伞崀休整。

10 月 11 日，平和国民党张贞部独立营兵变，由 1 名排长带 9 名士兵到龙伞崀向红军投诚。独立连增至 80 多人枪，是当地武器装备比较精良的一支队伍。

（二）组建红军四十八团

中共东江特委接到饶平县委关于蒋部一个连士兵起义的报告后，于 1929 年 10 月 15 日派李光宗参加饶平县委，负责对起义部队的教育改造和筹建红军第六军第十六师四十八团的工作。李光宗在饶平县委会议上传达了东江特委关于各县扩大红军的决定。中共饶平县委根据东江特委要求，将独立连改为四十八团第一营第一连。又从各乡赤卫队抽调部分武装骨干组建第二连。至年底，两个连共有 140 多人枪，工农红军第六军第十六师四十八团正式成立，团长罗时元，党代表李光宗。

这支以国民党军队起义士兵为基础建立起来的红军，不少人在旧军队中染上流寇思想和生活恶习，要把他们教育改造成为革命军队是一项十分艰巨的政治任务。党代表李光宗同饶和埔军联会研究后，采取几个步骤：一是从各乡赤卫队中抽调 10 名党员编入队伍，建立党支部，并在官兵中培养和吸收入党对象；二是建立民主制度，成立营、连二级士兵委员会，民主选举士兵委员会执委；三是建立健全学习和训练制度。此外，还利用中午教唱《国际歌》和自编《红军纪律歌》，利用早晚集队点名喊革命口号，以焕发士兵革命精神。通过艰苦细致的政治思想教育和军事训练，四十八团加强了党的领导，初步形成一支有政治觉悟、有组织纪律、有一定战斗力的工农红军。

（三）转战闽粤边区

1929 年冬，四十八团首仗出击深峻乡，一举歼灭民团，打通了双善与平和长乐赤色乡村的通道；接着横扫上饶陈坑、洞上、大埔背等白色据点，使上饶赤色乡村连成一片；继而挥师东进，在饶平、平和、大埔三县赤卫队的配合下三打象湖山，拔除闽粤边最大的白色据点，打通了东江苏区通往闽西中央苏区的交通要道。回师时又攻打平和的坪回、大芦溪、三来洲、李家畲，直捣诏安的官陂、下葛，将几百担食盐分给当地群众。四十八团征战闽粤边，得到广大人民群众的大力支援。饶平双善和大埔和村等乡村均组织运输队、担架队、宣传队、救护队，随军出征配合作战。仅三个多月时间，共拔除白色据点20多处，惩办民团头子30多名，俘敌80多人，缴获长短枪160多支和大批物资。至1930年4月，革命形势日益发展，四十八团从两个连扩充到三个连，有250多人枪，收缴的一批武器装备了平和独立营。在四十八团的大力支持和推动下，饶和埔三县边境革命武装发展至1000多人枪。5月，四十八团会同平和独立营远征闽西，攻打永定县镜坑湖乡的地主民团，接着乘胜奇袭中坑村，围歼龙岩县的大旗、小旗等乡民团，取得了与中央红四军和闽西红十二军的联系。不久，国民党军刘志达部1000多人"进剿"平和赤色乡村，妄图切断东江通往中央苏区的要道。四十八团配合红十二军于平和秀芦乡击溃刘志达部，俘敌40多人，缴获枪支130多支。

三、上饶区建苏分田

1929年7月，毛泽东率红军到达闽西后，在那里开展土地革命，进一步丰富和发展了六大关于土地革命的原则和政策。闽西开展土地革命、分田分地的消息极大地鼓舞了上饶人民。10月下旬，中共饶平县委根据上级党委的指示和上饶人民群众的要求，按闽西土地革命的原则和政策，以双善为试点，成立双善乡苏维埃政府和上饶区分田委员会，准备开展分田工作。

正当双善乡准备开展分田时，驻饶国民党军和县保安队、地主民团共 1000 多人进攻双善乡。双善乡赤卫队奋起抵抗，但因敌我力量悬殊，被迫撤到山上暂避。敌进乡后，烧毁房屋 60 多间、林木 10 多片，抢走大批财物。国民党军的暴行更加激起群众的愤恨，打土豪、分田地的高潮在双善迅速掀起。

11 月，为加速分田进度，双善乡划分为山头、万能、下善三个乡苏维埃政府。在没收地主土地，将田契、债券集中烧毁后，分田以自然村为单位进行，除农民的自耕田不动外，其他耕地分为上、中、下三个等级，实行搭配均分，不论男女老幼，计口分田。双善开展分田时，大埔县埔东、平和县长乐派干部前来参观学习分田经验。11 月 10 日，中共东江特委在给饶平县委的信中充分肯定双善的建苏分田经验，明确指出："应把它很快地扩大到全上饶去。"至 12 月，双善乡完成分田工作。

1930 年 3 月，中共饶平县委在大门口村召开全县农民代表大会，成立饶平县革命委员会，主席刘金丹。同时成立上饶区革命委员会，主席詹广州。会议提出"没收地主阶级的土地，分配给无地和少地农民""焚烧田契""杀尽土豪劣绅"等口号。为加强上山至九村一带的建苏分田工作，成立中共区南区委，书记詹号，同时成立区南区革命委员会，主席詹容。5 月上旬，参加东江工农兵第一次代表大会的代表回饶后召开代表会议，成立上饶区、区南区苏维埃政府。

为顺利开展土地革命，贯彻党的土地政策，饶平县革命委员会在石井乡大门口村举办分田骨干训练班，推广双善乡分田经验。中共饶平县委书记刘锡三亲自讲解《东江土地法》和分田原则，并在大门口村搞分田现场示范。训练班结束后，各乡以村为单位，选举成立分田评议小组，处理分田具体事宜。至 6 月，有五分之四的赤色乡村完成分田工作。当时上饶区共 33286 人，耕地面积 2010 公顷；参加分田人数 27516 人，分田面积 1434 公顷。

农民获得土地，革命热情和生产积极性空前高涨。1930年春，县委在上善村设立了枪械厂，自制土枪、炸炮、子弹，修理枪支支援前线。下善村成立了后方医院，为红军伤病员和群众治伤治病。各村民众组织了运输队、救护队、担架队，配合四十八团征战；妇女会组织妇女拥军支前，为红军战士做草鞋、补衣服、煮饭菜；童子团也参加巡逻放哨。各大村或联村办起平民学校和夜校，儿童免费入学读书。成年男女白天劳动，晚间上夜校学习政治、文化，学唱歌谣，到处洋溢着浓厚的革命气氛。

四、浮山、黄冈的革命斗争

（一）浮山区革命斗争

1928年8月"温子良惨案"发生后，中共饶平县委委员刘瑞光、邱月波等转移到浮山建立据点，成立中共浮山区委，邱月波任书记。由于国民党军的驻防，浮山区委的工作长期处于隐蔽状态。1929年3月间，邱月波带领几名武装人员伏击国民党军警，毙敌3名。此举招致长教乡被"围剿"，更暴露了区委隐蔽据点和武装力量。不久，区委在浮山圩理发店设立的秘密交通站被发觉，交通员刘阿塘被敌人杀害。接着，国民党军警"围剿"樟厝坷革命据点，但区委早已组织撤离，转移到东山的胡岭村。

11月10日，中共东江特委指示饶平县：浮山工作必须有计划地去发展，使上饶至浮山、黄冈形成一条直线，这样使上饶、黄冈的斗争不致隔绝，孤立无联络而致失败。12月，根据东江特委指示，中共饶平县委决定增派力量，以胡岭村为据点，向西山、北山、双罗、芹菜洋（今"群彩村"）等乡村开展活动。首先在有基础的乡村建立农会，组织农民武装，再联络诏安的新营、白叶等乡开辟饶诏边革命新区。此后，中共饶平县委书记刘锡三三次到浮山区指导工作。

1930 年 4 月，刘锡三带领 20 多名武装人员到诏安新营的官陂村召开浮山区农民代表大会。到会代表 100 多人，会议顺利地开了三天。大会选举成立浮山区革命委员会，余焕然、余定梓、沈壮成等五人为委员。会后，胡岭、芹菜洋等村相继掀起抗租抗债和惩办地主豪绅的斗争。胡岭村武装人员利用深夜出击，到浮山圩散发传单、张贴标语，袭扰国民党驻军，扩大革命影响。东洋村秘密建立地下交通站，负责沟通饶平南北通信联络。6 月，革命活动沿饶诏边境延伸，浮山逐步成为联结南北交通的纽带。

（二）黄冈地下斗争

大革命失败后，黄冈党组织被迫转入地下斗争。1929 年春，在中共饶平县委指示下，赖玉壶（大埔县人）、郑贵成（陆丰甲子人）和林孔昭（饶平黄冈人）等成立中共黄冈区委。郑贵成以黄冈义安善堂为掩护，经常到龙眼城村开展农运工作；赖玉壶以理发为掩护，发动理发工人组织赤色工会。下半年，理发工会、锡箔工会迅速发展，黄冈区委从中秘密发展部分积极分子入党，成立党支部，书记杨梅生。在党支部的组织发动下，几百名锡箔工人掀起要求提高工资、改善待遇的罢工斗争，迫使资方同意加薪，取得了罢工斗争的胜利。黄冈辖属的汛洲岛，有 140 多住户、600 多人。中共黄冈区委成立后，派共青团员张骅到岛上以教书为掩护，开展革命活动。郑阿千等六名青年秘密加入中国共产主义青年团，并建立团支部。此后，黄冈区委经常派人到岛上联系工作，组织团员开展革命宣传活动。张骅发展船工郑来明为交通员，利用来往黄冈之便，传递情报。不久，黄冈区委运送一台印刷机和七支驳壳枪到汛洲。团支部选派郑阿千等六名青年，组成一支小型武装队伍，汛洲岛成为黄冈区滨海革命据点。

五、饶平县委的反"围剿"斗争

（一）四十八团攻打饶城

1930年7月，红军四十八团由闽西南回师上饶休整。为营救被监禁的几十名群众，经与四十八团领导研究，中共饶平县委决定于7月13日以四十八团为主力，联合各乡赤卫队和群众1000多人第三次攻打饶城。国民党当局见红军和民众声势浩大，弃城逃命。红军和赤卫队进城后，破开监狱救出被捕群众，并押解11名土豪劣绅回上饶惩处。队伍回师新丰时，乘胜围歼新丰民团，缴获步枪20多支。黄昏途经横岭村时，遭当地民团开枪狙击。四十八团党代表李光宗亲临阵前对敌喊话，不幸中弹牺牲。翌日，军民同仇敌忾，一举围歼横岭地主武装。李光宗牺牲后，四十八团党代表由连半天代理。

7月下旬，四十八团离开上饶苏区，开赴闽西。8月，闽西特委令四十八团配合闽西新编的红二十一军由福建龙岩进军广东，攻打大埔高陂镇。因二十一军装备差且缺乏作战经验，进攻时又错误地采取硬攻硬打的战术，四十八团三次进攻均失利。全团200多人枪，只剩下100多人。在永定虎岗休整时，国民党军不断"围剿"，四十八团屡次失利，使部分指战员产生思乡厌战情绪，相继离队外逃，部队战斗力受到极大削弱。1931年1月后，部队内部"肃反"，团长罗时元和副政委连半天均被诬为"社会民主党"而遭杀害，不少红军战士也受牵连错杀，最后全团仅存五六十人枪，被编入红十二军三十四师第一〇〇团第四连。6月，归属中国工农红军第一军团，参加了中央根据地的反"围剿"斗争。

（二）饶平县委南移黄冈后的斗争

四十八团攻克饶城后，国民党反动军队纠集地主民团，对上饶苏区进行报复性反扑。因四十八团已于 7 月下旬开赴闽西，敌我力量悬殊，饶平县委向北部山区撤退。石井、茂芝一带陷落后，饶平县委机关再度转移到双善对坑村。上饶的革命转入低潮。8 月，根据上级关于把革命重点从农村转向城市的指示，饶平县委决定把县委机关从双善转移到黄冈。县委书记连铁汉带领邱月波、明珍（后叛变）和部分武装人员，到黄冈开展工作。武装人员隐蔽于镇郊西侧的龙眼城村白石山。中共黄冈区委仍设在义安善堂内，由邱月波任区委书记。

是时，国民党政府加紧镇压，黄冈处于白色恐怖之中。锡箔、理发、轮渡等行业工会转入地下活动，无法组织大规模的城市斗争。霞饶、碧岗、岭后一带的农民协会，也被迫停止活动。中共饶平县委在城镇无法开展工作，决定把革命基点设在龙眼城村。县委派李班、连石伟率20 多名武装人员，协助邱月波等革命骨干深入龙眼城村发动群众，开展教育串连活动。9 月，龙眼城村农民协会重新建立，会长郑义添；同时建立一支 10 余人的赤卫队，队长陈仕先。里和睦、李厝、田墘等村的农民加入农会，镇郊农民运动逐渐有了起色。赤卫队配合县委武装人员潜入黄冈开展捣毁公路、电杆、电线等小型斗争。李班、连石伟率武装人员和赤卫队突袭诏安分水关税务站。县委武装小队转到霞绕粤首庵（位于黄冈东郊）隐蔽时，游祯禧等曾到霞绕等村发动群众恢复农会，因反动势力较大而受挫。11 月，饶平县委鉴于在黄冈的工作难以开展，农民运动一时难以恢复，决定由县委书记连铁汉带部分武装骨干撤回双善苏区，留下李班等在龙眼城建立联络站，负责搜集情报、转达文件和接送革命人员。

（三）秘密交通线上的战斗

1930 年，中共中央做出建立上海到中央苏区交通线的决定。同年秋冬间，在周恩来的领导下，由中央交通局开辟了从上海—香港—汕头—潮州—大埔—永定—上杭—长汀—瑞金的秘密交通线。另设一条副线，从香港—汕头—澄海鸿沟—饶平黄冈—大埔埔东—永定虎岗进入中央苏区。中共饶平县委根据上级指示，派副书记詹瑞兰在黄冈等地秘密设立交通站和转移点，掩护路经饶平境内的军政领导人和交接物资运往中央苏区。战斗在这条红色交通线上的，有一名饶平海山人李沛群。李沛群于 1925 年入党，广州起义时任手车夫联队党代表，长期从事党的地下交通工作。1931 年 3 月底后任闽西永定虎岗交通大站主任。1932 年初，李沛群由汕头护送邓颖超等同志安全进入中央苏区。1931 年 1 月，大埔交通站负责人卢伟良来到香港，准备护送叶剑英、蔡树藩、陈友梅等到中央苏区。他们从香港乘船抵汕头后，乘车到澄海，再步行到黄冈。黄冈区委将他们安排在南门咸杂店的楼上住宿。下半夜，突然传来土匪抢劫商船的枪声。天未亮时，叶剑英等四人离开黄冈，由交通员刘荡带路，沿饶诏边境进入大埔和村，后由饶和埔县委派武装人员护送到永定虎岗，于 4 月抵达赣南瑞金。

（四）成立红军第三连

1930 年 11 月 11 日，饶平、平和、大埔三县的国民党军队1000 多人又一次"围剿"双善。县、区党组织带领武装人员掩护群众撤入深山丛林隐蔽。凤山楼、塘背、对坑、岭头等村庄惨遭国民党军烧抢，几乎家家着火，村村冒烟，财物被烧劫一空。面对一片废墟，干群团结一致咬紧牙关，决心重建家园。区乡干部和赤卫队骨干集结在岩下村，四出袭击地主民团，解决部分困难群众的燃眉之急和活动经费。此后，集结人数不断增多。根据东江特委关于"以饶平之西北部，大埔之东南部为中心，在红军四十八团上调闽西后，即将饶平、大埔的现有武装，组成一连红军，而且要求扩大到一个营的兵力，担负起这一带地区的战斗任务"的指示，中共饶平县委召集100多名赤卫队员，在岩下村正式组成红军第三连，连长张狮。第三连成立后，活动在饶平、平和、诏安边境一带。

第四节 饶和埔诏苏区的革命斗争

1930 年 10 月下旬，中共中央军委南方办事处派李富春、邓发等在大南山大溪坝村（今属汕头市潮南区）召开闽粤赣边第一次党代表会议，传达贯彻党的六届三中全会精神。会议根据中共中央政治局指示，决定将闽西、东江两特委合组为闽粤赣边特委，邓发任特委书记。

一、中共饶和埔县委建立

1930 年 11 月，中共闽粤赣边特委派黄炎到大埔县和村召开饶平、大埔、平和三县县委会议（平和县委代表未到会），传达闽粤赣边区党代表会议精神，将饶平、大埔、平和三个县委合组为中共饶和埔县委员会，书记邱宗海。三县县委原所辖地区划分为 10 个区：饶平三个区（黄冈为第一区，浮山为第二区，上饶为第三区），大埔三个区，平和四个区。饶平县划入中央苏区范围。

12 月，中共饶和埔县委在大埔和村召开边县人民代表大会，成立饶和埔县革命委员会，选举刘振群为革命委员会主席。同时建立共青团饶和埔县委和县妇女联合会，饶平红军第三连与平和县独立营同时划归饶和埔县委领导。这时，驻潮汕和闽南国民党军队为进攻中央苏区，正调集兵力向饶和埔根据地"进剿"。12 月 30 日，中共饶和埔县委决定扩大斗争范围，做了年关斗争部署：确定在主要乡镇扩大赤色工会和工人纠察队；在农村大力发动农民开展抗租、抗债、抗税斗争；公开宣传攻打饶和埔县城和主要圩镇，分散国民党"进剿"根据地兵力。

二、饶和埔县第一次工农兵贫民代表大会

在饶和埔县革命委员会成立后，中共饶和埔县委积极筹备召开饶和埔县第一次工农兵贫民代表大会，拟向大会提交 14 项提案，包括《修正林矿产法令》草案、《保护妇女、青年条例》、《婚姻法》。

1931 年 2 月 7 日，饶和埔县第一次工农兵贫民代表大会在大埔埔东大产泮村邱氏宗祠召开，到会代表 300 多人。由于国民党军队的封锁，七、八两区的代表未能按时到达，其他区代表也不齐。8 日，代表大会正式开幕。10 日，国民党军重兵包围大产泮村。原定 7 天的议程，只开了 3 天便被迫中止。到会代表和县、区干部在县独立营和红军第三连掩护下分路突围。独立营和部分县、区干部转入闽西苏区；中共饶和埔县委书记邱宗海和特委代表黄炎等绕道向八乡山（位于今丰顺县）撤退；连铁汉、谢卓元、张崇、张华云、荣洁和部分区乡干部在红军第三连掩护下，转移到饶平的白花洋和诏安的石下一带，建立新的据点。

三、饶和埔革命力量东移饶诏边境

（一）组建中共饶和埔诏县委

大产泮村会议遭破坏后，中共饶和埔县委书记邱宗海在转移八乡山途中不幸被国民党捕杀，特委派刘锡三接任县委书记。1931 年 4 月，刘锡三在诏安石下村召开会议，饶和埔县委改为饶和埔诏县委，书记刘锡三，委员有连铁汉、谢卓元、张崇、荣洁、张华云等。县委决定以石下村为革命据点，着手恢复苏区工作。县委机关设在石下礤头坪。至五六月间，恢复苏区和开辟新区的

工作有了进展。1931 年 5 月，余登仁在潮州越狱后返回饶和埔诏县委机关。

（二）白花洋革命据点的斗争

白花洋村是上饶苏区的边沿地区，刘金丹、詹涌波、林大头等地方党组织领导前期经常到这一带活动，有一定的群众基础。饶和埔县委委员谢卓元等转移到白花洋村，便在当地恢复饶和埔县第三区委，谢卓元兼任区委书记，同时恢复第三区苏维埃政府，主席詹涌波。在县委、区委的积极发动下，白花洋村很快建立起农会和赤卫队，并逐步向大厝楼等乡村发展，赤卫队扩大到 100 人左右。

白花洋革命据点建立后，中共饶和埔诏县委组织红军第三连和县赤卫队袭击周边国民党军警和联防办事处。反动势力乘机反扑。1931 年 4 月 30 日和 5 月 28 日，新丰国民党军警和地主民团两次进攻白花洋村。第三连转到诏安秀篆休整，赤卫队掩护群众撤入深山。敌进村后扑空，杀害无辜妇女一名，劫走粮食、牲畜等财物一批。形势严峻，区委仍带领群众坚持斗争，经常派出武装小队到新丰敌占区抓豪绅、撒传单，扩大革命声势。

9 月 17 日，国民党保安队纠合马岗、杨康、溁溪、新丰四乡地主武装 1000 多人，再次"围剿"白花洋。敌人进村后挨户搜查，放火烧毁第三区苏维埃政府机关和民房 70 多间，抢劫一大批财物，拘捕 13 名干部家属，向每人勒索 50 块光洋。革命力量被迫转移到双善岩下和秀篆石下一带活动。

（三）饶和埔诏县苏维埃政府成立

1931 年 11 月，余登仁、李树知、游章堤三人代表饶和埔诏县委到江西瑞金出席中华苏维埃第一次全国代表大会。12 月，在石下村召开全县干部会议，传达会议精神，学习《中华苏维埃共和国土地法》及有关的经济政策。刘锡三、陈明昌在会上传达福建省委关于纠正"肃反"运动中的"左"倾错误的指示，从而稳定了部队情绪，推动了革命形势的发展。

1932 年 4 月 20 日，中央红军攻占闽南重镇漳州，开创了闽南工农武装割据的新局面，有力地推动了饶和埔诏革命形势的发展。6 月，中共饶和埔诏县委在石下村召开工农兵代表会议，选举产生饶和埔诏苏维埃政府，余登仁当选苏维埃政府主席，谢卓元为裁判部长，陈明昌为军事部长，同时成立军事、粮食、土地三个委员会。

1932 年 7 月，中共饶和埔诏县委在石下召开扩大会议。会议做出《关于夏收斗争与"八一"工作的布置》的决议，提出当前的任务：深入开展土地革命，实现分配田地；扩大游击战争，冲破敌人包围；恢复和发展部分苏区，与闽赣苏区和红军发展配合，完成党中央提出的当前争取一省或数省的首先胜利；各区在夏收斗争中发展一批新党员，建立一批新支部。

因饶和埔诏县委属东江特委和闽粤赣边特委双重领导，而闽粤赣边特委和东江特委仍继续执行"左"倾冒险主义路线，致使中共饶和埔诏县委在机关和部队中重演了迫、供、讯等错误做法，地方革命力量遭受严重损失。

四、艰苦的反"围剿"斗争

（一）石下、马坑的反"围剿"斗争

1932 年 7 月 24 日，诏安县秀篆地主武装近千人，分三路进攻中共饶和埔诏县委所在地石下村。县委领导红军第三连配合赤卫队和当地群众英勇抗击，把地主武装打得仓皇败退，俘敌 9 名，缴枪 10 多支、子弹 300 余发。反动势力不甘失败，勒索群众 37000 光洋用于雇请驻汕头国民党军陈济棠部助"剿"。9 月初，驻汕四十九师二九二团黄南鸿部重兵压境，对中共饶和埔诏县委

所在地周围赤色乡村实行分路"进剿"。

9月3日，黄南鸿部以五个连进攻革命据点马坑村。县委带领第三连和赤卫队预先埋伏在山口阻击，毙敌20余人。8日，黄部以五个连兵力纠集地主民团二千余众，向马坑发起第二次进攻。中共饶和埔诏县委提前组织军民挖筑防御工事，装置铁钉、炸炮，毙敌数人。后因实力悬殊，寡不敌众，红军和赤卫队被迫撤往龙伞崀。9月14日，黄南鸿部纠集六千之众，从四面八方进攻龙伞崀。第三连与敌展开肉搏战，仅20人冲出重围，转移到饶平岩下村一带隐蔽。中共饶和埔诏县委则带领仅有的10名游击队员迂回游转在深山密林中。

黄南鸿部攻陷石下、马坑后，连续12天对饶和埔诏根据地发起全面"进剿"，采取极其残酷的烧杀抢手段，把赤色乡村和山林烧成焦土。与此同时，黄部采取经济封锁和巡查设岗的手段，使饶和埔诏革命形势日益艰难。饶和埔诏县委仅存刘锡三、余登仁、陈明昌、连铁汉、谢卓元、张崇、张华云等领导成员和10多名游击队员。为适应斗争环境需要，县委决定将第三连存下的20人枪和游击队员共30人编为县委武装工作队，分成三个武装工作组。

（二）里坑事件

1932年10月，陈明昌率中共饶和埔诏县委武装工作组回双善开展活动，国民党当局派驻饶平第七师第二十团加紧"围剿"。11月1日，国民党军一个连纠合地主民团200多人"进剿"双善。陈明昌工作组12人，采取既集中又分散的游击战术与敌周旋。10日，工作组集中在里坑村开会，研究转移去向。会议尚未结束，国民党军队突然"追剿"到里坑村，封锁工作组退路。陈明昌率战士们退入坑谷，利用石头、荆棘作掩护边打边退。战斗中，刘介子、陈卯等五位战士不幸中弹牺牲。敌又纵火烧山。突围中，陈明昌、林春塘、卢抱、刘政、曾双（女）等五人不幸被捕。年仅 27 岁的共产党员曾双受尽严刑拷打和凌辱，始终坚贞不屈，最后与陈明昌等一起遭敌杀害。里坑一役，共牺牲革命战士10 人，当地称"里坑事件"。

（三）开辟诏黄游击区

1933 年春，闽、粤两地国民党军队轮番"围剿"，中共饶和埔诏县委率部分武装人员退入深山密林。县委书记刘锡三积劳成疾，肺病严重复发，经常咯血，只能暂时隐蔽在石下村。6 月，刘锡三转到饶平浮山的打石埔村，在地下党员余剪先家隐蔽疗养，病中仍坚持指导浮山一带革命斗争。9 月 17 日晨，国民党浮山区署派兵突袭打石埔，刘锡三突围时不幸中弹牺牲。赖洪祥接任中共饶和埔诏县委书记，县委成员有余登仁、谢卓元、张崇、张华云等。

1933 年 11 月"福建事变"以后，饶和埔诏的革命力量有所恢复。11 月，余登仁率部分工作人员，转到诏安的深湖和饶平的赤坑一带山村发展诏黄新区；赖洪祥和张崇则带领游击队到饶平的岩下、磜头一带，开展恢复上饶苏区的工作。1934 年 3 月 5日，国民党军警袭击磜头，围捕在那里养病的赖洪祥。张崇带领游击队掩护突围，游击队长许因在战斗中中弹牺牲，三名游击队员负伤，恢复上饶苏区工作又遭挫折。尔后，张崇带领游击队到深湖同余登仁工作组会合。

游击队进入深湖后，很快便在当地组织农会，成立赤卫队。至 1934 年春，深湖一带小村已组织赤卫队 200 多人，革命力量逐步扩展到饶平的渔村、下蔡、赤坎一带山村，与第二区的景坑、新营、胡岭一带游击区连成一片。深湖村西北面的黄牛山，扼据闽粤边界要塞。反动会道门头子沈之光以此为巢穴，成立"白扇会"，拥有武装会众五六十人。他们经常抢劫周围村庄，协逼村民加入"白扇会",还长期勾结国民党军和地方反动势力对抗共产党,破坏农会组织。群众迫切要求铲除这一祸害。4月23日,余登仁、张崇率游击队和赤卫队200多人攻打黄牛山。沈之光利用地利死守顽抗。在转战闽南的潮澄澳红军第三大队的帮助下,县委终于拔掉黄牛山这一反动据点。沈之光跳崖逃命时被战士们用大石头击毙于崖下,其余会众弃械投降。诏黄游击区得以迅速发展。

1934年8月以后,中共饶和埔诏县委在闽粤边区特委领导下,进入艰苦卓绝的三年游击战争时期。

潮澄饶澳边（苏）区革命斗争

闽粤赣边特委成立后，为有利于潮澄饶澳革命的发展，决定成立中共潮澄澳县工作委员会。1930 年冬，潮澄澳县工委成立，书记周大林。工委成立后，在莲花山周围开展革命斗争。次年 5 月，潮澄澳县工委改为中共潮澄澳县委，着手发展区乡武装和建立红军，开辟新区。最后，形成以浮凤苏区为中心的潮澄饶革命根据地。这是土地革命战争时期东江地区九个革命根据地之一，也是闽粤边区三年游击战争的重要依托。

一、饶平西南部的革命斗争

（一）饶平沿海地区革命斗争

1926 年初，受澄海、饶平党组织派遣，海山石头村人徐观澜、黄隆村人刘锡立回到海山组织农民运动和发展船员工会。他们联合起来，建立石头村农民协会和黄隆船员工会，开始了海山岛的革命斗争。在运动中吸收了徐鸿音、徐维藩等六人入党。1927 年初成立中共海山支部，徐观澜任支部书记，隶属中共澄海县部委。

海山党支部成立后，在扩大农会的同时组织农民自卫军。1927 年春，石头村农军已发展至 50 多人。蒋介石发动四一二反革命政变后，徐观澜遭国民党饶平县当局通缉，被迫转入地下秘密活动。9 月，为策应南昌起义军下潮汕，海山党支部组织农军骨干到欧边、东港、达南和打断港等重要通道，张贴、散发革命标语和传单。不久，饶平县当局再次通缉徐观澜。徐观澜被迫出走，海山革命斗争暂时停止活动。

1929年，徐观澜从南澳秘密潜回海山，恢复岛上工农组织活动，革命力量逐步向洪洲方面发展，在洪洲的田中村建立秘密活动点。为加强对南澳渔民斗争的领导，建立从东里、海山至南澳的交通线，11月，中共澄海县委派张福海、陈戊、章吟春、石榴等到海山协助工作，在岛上建立交通站。海山党支部派船工朱阿虎担任西线交通员与东里方面接头，派赤卫队员徐豪因担任南线交通员与南澳方面接头。海山岛成为推动和连接澄饶澳沿海革命斗争的桥梁和纽带。

1930年春，中共澄海县委派张福海、黄武基率赤卫队到洪洲开辟革命新区。他们以洪洲田中村为隐蔽点，在滨海一带乡村打土豪、筹钱粮。7月一个夜里，赤卫队出击钱东灰寨村，遭到钱东地主民团追击。赤卫队退至峙头村海边上船渡海时，黄武基不幸中弹牺牲。事后，因田中村隐蔽点暴露，赤卫队即撤出洪洲转到澄海鸿沟乡。

（二）汛洲岛渔民革命斗争

1930年冬，中共潮澄澳县工委在澄海县鸿沟乡半埔村成立，书记周大林，委员有余登仁、李子俊、龚文河、彭述、陈戊、陈有民等。县工委成立后，以莲花山为依托，活动于鸿沟、上墩、新楼、汛洲、海山等地乡村，宣传发动群众，秘密组织农会、赤卫队、妇女会、童子团，在斗争中培养了一批骨干，发展了党团组织。

汛洲岛的革命活动开始于1929年。当年春，中共黄冈区委派张骅到岛上活动，秘密建立共青团支部。1930年10月，中共潮澄澳县工委委员陈戊于南澳暴动失败后，率十多名武装人员突围来到汛洲，以共青团员为骨干，在贫苦渔民中秘密串连发动，扩大革命力量。年底，县工委派李金英、陈复儒等骨干加强岛上工作。不久，汛洲岛农会、赤卫队、妇女会、童子团相继成立。至1931年初，全岛600多人口中，200余人加入农会，革命活动也逐步从秘密转向公开。为巩固发展汛洲革命据点，陈戊等在牛腿案举办革命学习班，教唱革命歌曲，进行军事操练。1931年4月，陈戊率郑木松、郑阿先等四名赤卫队员到大南山参加培训。在学习班里，郑木松被吸收入党，成为岛上第一名共产党员。此后，又在斗争中培养吸收郑阿先、郑大发入党，遂成立中共汛洲支部，领导汛洲人民掀起一场打击地主豪绅、准备分田分地的斗争。

汛洲岛上渔霸剥削压迫人民十分残酷，他们勾结官绅，霸占渔场，勒收税捐，放高利贷，弄得渔民家破人亡。党支部根据群众反对封建剥削的迫切要求，召开斗争大会，揭发渔霸罪行，大扫土豪威风，逼使他们取消苛捐杂税，提高收购鱼价。为扩大斗争声势，中共汛洲支部还派赤卫队骨干郑阿千、郑石庚到海山黄隆船队发动船工开展反剥削反压迫斗争，迫使资本家提高工资和改善待遇。船员工会斗争的胜利推动海山农民运动的发展，石头村赤卫队也重新活跃起来。1931年6月，中共汛洲支部根据中共潮澄澳县委决定，选派郑猪屎、郑阿乳等4名赤卫队骨干，由县委交通员李金英带往大南山根据地学习。因叛徒告密，李金英、郑猪屎中途遭敌逮捕入狱。李金英在狱中受严刑拷打始终坚贞不屈，后遭敌枪杀，郑猪屎由亲属凑款赎回。

汛洲岛轰轰烈烈的革命行动大长了广大渔民的志气，反动势力伺机倒算。1931年6月28日，渔霸郑阿壮勾结黄冈、大澳豪绅，雇请地主民团200多人，乘船分两路"进剿"汛洲。陈戊等接获情报后，考虑到敌我力量悬殊，即组织党团员和赤卫队集合海边准备向海面转移。陈戊发现有几名干部未到，即折回村中寻找。为躲避进村搜捕的敌人，陈戊潜至上村洗衫坑，躲入石洞暂作隐蔽。翌日午后，陈戊在转移时被敌探发现，最终在与敌对战中壮烈牺牲。敌进村后在岛上恢复保甲制度，强化反动统治。汛洲岛渔民革命斗争暂告停息。

二、中共潮澄澳县委成立和开展游击战争

1930年12月，驻潮汕国民党军张瑞贵部纠合潮安县李映高侦缉队和澄海县警卫队，疯狂"进剿"潮澄澳各处革命据点，大批共产党员和革命群众惨遭杀害。1931年4月12日，叛徒陈斑鲨引敌包围鸿沟乡中共潮澄澳工委机关驻地，余登仁、沈序昭等四人被捕。5月，余登仁在潮州越狱后转到中共饶和埔诏县委。鉴于中共闽粤赣边区特委与东江地区的通信被敌切断，中央同意取消西南、西北两个分委，恢复东江特委，划归广东省委领导。中共东江特委增派骨干加强潮澄澳领导力量，同时将县工委改为中共潮澄澳县委，由李子俊继任县委书记。

中共潮澄澳县委成立后，巩固扩大农会和赤卫队，开辟游击新区，革命力量逐步向山地扩展。九一八事变后，全国人民掀起抗日反蒋怒潮，中共潮澄澳县委以苏维埃政府名义，发起组织反帝大同盟、抗日互济会等民众团体，领导民众开展抗日反蒋活动。

1932年初，中共潮澄澳县委派陆益、陆广祥等到饶平的坪溪、白水湖等地秘密建立农会和赤卫队，为创建浮凤苏区打下基础。至6月，全县建立了15个中共支部，党员77人；有18个乡建立农会，会员369人，赤卫队89人；各乡还普遍成立了抗日民众团体。

中共潮澄澳县委成立初期，仅有一支10多人的赤卫队和一些乡村武装人员，在樟东一带开展小规模游击活动。1932年3月，

国民党东区绥靖公署独立二师张瑞贵部以三个团兵力加紧"围剿"大南山根据地。为粉碎国民党军的"围剿"，争取实现与闽西南及中央苏区连成一片的战略目标，东江特委于 6 月中旬做出了重点发展西北和潮澄澳游击战争的决定，并于 7 月派罗金辉、李金盛、吴元金等 10 名武装骨干，加强潮澄澳的武装领导。是年冬，中共潮澄澳县委以东江特委派来的武装小分队为主体，联合樟东赤卫队和其他区乡武装骨干，于秋溪区大涵埔正式成立中国工农红军东江独立师第二团第三连（简称红三连），连长贝必锡，指导员傅尚刚。这是潮澄澳地区第一支工农红军队伍。红三连成立不久，首战深夜突袭隆都警卫中队，全歼敌人，缴获长短枪 70 多支；继而奔袭驻潮安溪口乡大宗祠的警卫队，缴获长短枪 20 多支。战斗胜利后，部队转至坪溪的红花树、杉坑一带活动。

三、开辟浮凤苏区

（一）开辟浮凤山区根据地

浮凤区是饶平浮山和凤凰（现属潮安）两个区域的合称，境内山高林密，道路陡峭，是开展游击斗争的理想地带。

1932 年春，陆益、陆广祥、林木松等革命骨干相继进入浮山区的坪溪山村，开展革命活动。他们到坪溪后，以船肚村为立足点，在烧炭群众中宣传革命，发动了一批积极分子，进而分头到水鸭石、青官、南坑、芛居荇等村串连活动，秘密组织农会。随后在船肚村边的柴陷尾密林中，建立革命联络点，点燃了坪溪一带山村的革命火焰。

1932 年夏，农会干部刘万裕受党组织派遣，携家眷回老家坪溪顺风磜村发动一批贫苦农民成立革命小组，然后分工到杉坑、桂竹坑、红花树、三坵田一带山村发动群众，秘密组建农会。与此同时，陆位保、蓝德业等也进入葛藤埔、夏校、东岭等几个大村建立农会组织。至此，坪溪山区除上社、岭头外，其余 20 多个山村均有农会组织。随后，中共潮澄澳县委根据坪溪山区村落分散的地理特点，按自然地域组建两个乡农会和两支赤卫队，同时成立妇女会和童子团，展开抗租抗债的斗争。

1932 年冬，潮安韩山师范进步学生文锡响回到家乡芹菜坑，在凤凰下埔一带进行革命活动，在芹菜坑、镰仔湾、碗窑溪、南坑等村组织农会。1933 年春，文锡响加入中国共产党，任浮凤区特派员。

（二）发展武装斗争和"红五月"政治攻势

1932 年 12 月下旬，中共潮澄澳县委在秋溪区八角楼山脚召开县委扩大会议，决定继续扩大武装力量，发展平原游击斗争，巩固游击基地。1933 年 1 月，中共潮澄澳县委根据东江特委的指示，从红三连调出部分骨干和武装人员共 20 余人，组成潮澄澳特务大队。队长李金盛，政委林乌。平原地区也相继成立游击队，武装力量有了较大发展。为加强浮凤区的领导，中共潮澄澳县委派文锡响、陆位保、叶淑兰等组成领导班子，负责全区工作，并派特务大队进入浮凤区开展抗租抗债的斗争。三四月间，特务大队袭击火烧寮村，没收地主财产，打响了浮凤山区游击战争的第一枪。各乡的农民协会和赤卫队相继开展反对地主豪绅的斗争。坪溪赤卫队在红三连的支援下，袭击潮安竹园村，没收反动士绅、国民党潮安县参议张植之的家产。在革命斗争中，一批积极分子被吸收入党，并于 4 月中旬建立坪溪、白水湖、芹菜坑三个党支部。坪溪党支部成立于水鸭石，支部书记刘昭成，党员有刘万裕、刘龙江、郭伟等 9 人。

1933 年 5 月 1 日，中共潮澄澳县委在秋溪区和浮凤区交界的草岚武召开五一国际劳动节纪念大会，部署各区乡开展"红五月"宣传活动。各区代表和群众近千人参加。会后，有 80 多名青年自愿报名参加红军和游击队。草岚武大会后，中共潮澄澳县委以潮澄澳革命委员会的名义，发布了《为夏收斗争告农民书》等文告。各区党组织根据县委关于开展"红五月"政治攻势的精神，组织农会和革命群众张贴标语，散发传单揭露国民党反动统治罪行；各地赤卫队配合红军连续袭击乡公所和联防队，炸毁炮楼 1 座，缴长短枪 80 多支。

（三）中共浮凤区委成立

为进一步巩固和发展浮凤根据地，1933 年七八月间，中共潮澄澳县委于白水湖村成立中共浮凤区委员会，书记文锡响，委员陆位保、林振翩、黄来敬、黄芝固、文步炳、叶淑兰等。同时，在红军和赤卫队中抽调一批武装骨干组成潮澄澳红军第二中队，队长吴元金。全队 20 多人枪，配合农会、赤卫队打击土豪劣绅，筹集经费，支援根据地建设。中共浮凤区委成立后，林逸华等四人组成工作组，负责开辟十二排（地名），扩大游击区。不久，葵塘、牛角厝、澳潭等小山村相继成立农会。区委在葵塘建立小兵工厂，制造土炸炮和修理枪械；在石鼓村建红军医疗所；在獭洞后村建立交通站。是年冬，区委从各乡赤卫队中抽出 30 多名武装骨干，成立浮凤区联队，队长柯良。翌年 1 月，成立浮凤区赤卫大队，队长文锡坤。大队以下按自然区域分为四个支队，一方发现敌情，四方支援，形成稳固的"赤色联防"。

四、扩编红军，挺进闽南

1933 年冬，国民党独立二师张瑞贵部纠集潮澄饶地方军警，对平原游击区进行大规模"清剿"。游击区的战士和人民群众坚持艰苦斗争，利用韩江三角洲水网地带和密林与敌周旋，以夜袭、奇袭等斗争方式，针锋相对地进行反"清剿"斗争。

1934 年 1 月，东江特委在桑浦山的棉洋村召开潮澄澳县委扩大会，部署"年关斗争"。3月，中共潮澄澳县委根据棉洋会议精神和斗争形势发展的需要，在饶平岛仔村举行红军指战员全体会议，宣布将红三连和红二中队合编为中国工农红军潮澄澳第三大队（简称红三大队）。全队200多人枪，大队长朱增强，政委贝必锡，政治部主任浦益多，下设三个中队。根据上级党委指示，第一中队留守根据地，贝必锡、朱增强、李金盛等率第二、第三中队和县特务大队开赴闽南，迎接闽西红军独立第九团下东江。

潮澄澳红军于4月下旬到达福建诏安县境。获悉中共饶和埔诏县委率领游击队和深湖赤卫队攻打黄牛山白扇会反动据点不下，贝必锡、朱增强等率队到八仙山与余登仁会合。4月30日，两支队伍分三路进攻黄牛山，捣毁白扇会巢穴，打通了闽粤边游击走廊。此后，红三大队和特务大队公开活动。特务大队一直坚持活动在饶诏边境，转战于饶平的渔村、赤坑，诏安的白叶、坪路一带山村，牵制敌人对饶和埔诏游击区的"围剿"。红三大队挥师北上，协助中共饶和埔诏县委恢复上饶苏区活动，配合饶和埔诏游击队和赤卫队进攻诏安下葛、官陂反动据点，袭击云霄县车仔圩国民党保安队和梁山、牛角楼反动团防，歼灭诏安县保安团头子沈东海老家小北港乡团。潮澄澳红军转战闽南六个多月，虽未能与红九团接上关系，但在此期间接连袭击反动据点，围歼地主民团，打击土豪劣绅，对恢复和发展饶和埔诏游击区起到了重大作用。1933年11月，队伍胜利回归浮凤根据地。

五、巩固和发展浮凤苏区

1934年4月，浮凤区革命委员会在白水湖寮下村成立，主席黄芝固。5月，共青团浮凤区委员会成立，书记张锦标。这时，浮凤区已有90多个村庄建立农会、赤卫队、妇女会和童子团，全面开展抗租、抗债、抗捐等打击反动派的斗争。

国民党当局在“清剿”平原游击区后，逐步调动兵力“围剿”浮凤根据地。6 月，国民党罗静涛（绰号“缺嘴罗”）连突袭红军医院，杀害全体医务人员和 10 多名伤病员。秋溪区革委会主席傅尚刚和区干部炳河、阿花在埔尾开展工作时，被饶平钱东警卫队追捕杀害。为反击国民党军的进攻，保卫根据地，中共潮澄澳县委组织红军和游击队主动出击。7 月，第一中队和区联队分别从坪溪、十二排、乐岛出发，袭击驻浮滨圩的饶平警卫队，全歼守敌。

7 月底，东江特委发布为纪念“八一”开展夏收斗争的指示，要求各地扩大武装力量、开展反“清剿”斗争。8 月，中共潮澄澳县委决定组成工作组，向浮凤区东西两侧扩大游击区，东侧开辟饶城新区。这里是潮澄饶通往闽西南的重要通道。是年秋，中共潮澄澳县委派林木松、许心珠、刘乌记等组成工作组。工作组首先进入石壁村，教育发动了刺竹坑、城格厝、涂楼、顶厝等村一批贫苦农民，秘密成立石壁乡农民协会。11 月，工作组继续向西陂山美、黄山水一带串连发动，建立农会和赤卫队，扩大游击区。同时，根据中共潮澄澳县委指示，在龙居寨、下寨、西陂、白塔等地建立交通站，与中共饶和埔诏县委白花洋交通站接上关系。一条始于凤凰大山打埔崟，止于闽粤边根据地的交通线逐渐建立起来。

为配合开辟新区，红三大队第一中队和浮凤区联队于八九月间打出外围，先后袭击潮安仙洋、葫芦、狮峰等乡后备队。9 月下旬奔袭坪溪岭头村后备队。接着到樟溪、浮山、饶城一带活动，没收地主财物，烧毁公路桥 20 多处，推动了新区游击斗争的发展。

第六节 坚持闽粤边区三年游击战争

1934 年 8 月 1 日，中共闽粤边区特委正式成立，书记黄会聪。中共闽粤边区特委由厦门中心市委所领导的漳州中心县委、福建省委所领导的饶和埔诏县委、东江特委所领导的潮澄澳县委组成，直属中共中央领导。中共闽粤边区特委成立初期，所辖的游击区纵横五六百里，基本连成一片。中央红军长征以后，这里成为南方八省三年游击战争的 14 块重要根据地之一。

中共闽粤边区特委成立后，饶和埔诏县委所属游击区及县委直属中心区经常受到国民党军队"进剿"，革命活动极端困难。但饶和埔诏县委在困境中仍坚持斗争。1935 年 12 月，闽粤边区特委解散饶和埔诏县委，县委工作人员和游击队划归云和诏县委领导。饶和埔诏县委在土地革命战争时期经历了整整五年艰苦曲折的战斗历程，创建了饶和埔诏苏区，留下不可磨灭的功绩。

一、浮凤苏区发展

1934 年 10 月，根据东江特委决定，潮澄澳县委改为潮澄饶县委，书记陈信胜。是月下旬，红三大队和特务大队回师浮凤，根据地革命力量空前壮大，武装队伍已达七八百人。11 月，红三大队和特务大队出击樟溪青岚、石蛤、秀才堂、南蕉坑和钱东礼堂等乡村，沉重打击了当地地主民团和国民党守备军警，同时发动组织农会和开展抗租抗债斗争。

1935 年 1 月，中共东江特委在庵下村召开潮澄饶县委扩大会议，决定将潮澄饶县委划分为潮澄饶和潮澄揭两个县委，张敏任潮澄饶县委书记，陈信胜协助潮澄揭县委工作。潮澄揭红军第三大队卢秋桂部划归潮澄饶县委领导。

1935 年 2 月，中共潮澄饶县委决定在浮凤根据地发动群众分田分地，建立苏维埃政权，调动群众建设和保卫苏区的积极性。由于国民党军警频繁"进剿"，大部分村庄的分田工作被迫中断，结果浮凤区只有 70 个自然村完成了分田工作，有 19 个乡村在下半年相继成立苏维埃政府。

为紧密配合建苏分田运动，中共潮澄饶县委命令红军分路出击，运用机动灵活的战术，扩大游击区。饶城新区在红军的支援下，开展了打击地主土豪和抗租抗债斗争。在运动中培养了一批积极分子加入中国共产党，建立石壁、下寨、龙居寨、下坝等四个党支部，输送一批青年参军。妇女会积极投入拥军支前，为红军募集粮食燃料、编织草鞋、缝制军衣。这里成为浮凤区后期重要的游击基地。

二、中共潮澄饶县委在闽粤边艰苦斗争

1935 年，国民党第三军第九师邓龙光部攻陷大南山根据地后，把进攻目标转移到潮澄饶根据地，秋溪、登凤等游击区相继陷落。随后，敌继续"进剿"浮凤苏区，阻止红军向梅埔丰根据地转移，形成四面夹攻的包围圈。中共潮澄饶县委为保存实力，决定红军和部分机关向待诏山下的石壁、牛皮洞和十二排等地转移，浮凤区委转到十二排石鼓村，县委和县革委暂留凤凰领导苏区人民坚持反"围剿"斗争。

在邓龙光部的强势进攻下，根据地日益缩小，浮凤苏区主要活动点、联络点所在乡村群众的财物遭到洗劫，一批红军家属、

干部家属被无辜杀害。浮凤区妇女干部刘赛玉、许婵娟在突围时不幸被捕。敌用尽鞭打、火烙、刺指、灌水等酷刑逼供，依然一无所获。许婵娟、刘赛玉坚贞不屈，以无比刚毅的意志顶住敌人的淫威，最后被反动派枪杀于坪溪上社村。

9月下旬，中共潮澄饶县委和革命武装转移至闽南，仅留下浮凤区委书记黄芝固等带领小部分武装力量就地坚持斗争。中共潮澄饶县委和红军撤离后，国民党军及地主民团对附城和十二排游击区疯狂"进剿"。待诏山下的赤色乡村被蹂躏成一片废墟。石壁乡40多名农会干部和武装骨干被迫出走南洋；林料毕、张雄、张大海等18名农会干部、交通员被杀害于饶城。苏区人民没有被敌人的淫威所屈服，黄芝固继续带领游击队，在当地群众的支持配合下，辗转于苦竹坑、秋云岭、乐岛等。

1935年10月，中共潮澄饶县委抵达诏安。11月，中共闽粤边区特委委员何鸣到诏安十八间召开潮澄饶县委扩大会议，决定从潮澄饶县委抽出一批干部组建云和诏县委，蔡明任书记，陆位保任潮澄饶县委书记，潮澄饶县委原书记张敏调任特委委员兼云和诏、潮澄饶县委特派员。潮澄饶红军进行全面整编，红三大队、特务大队、卢秋桂短枪队和闽西红九团邓珊部合编为中国工农红军闽粤边区独立营，营长邓珊，政委贝必锡。1936年1月，浮凤区联队、赤卫队、县区武装骨干合编成潮澄饶红军第一大队，队长卢秋桂，政委曾才炎。2月，独立营政委贝必锡遭错杀，营长、政委改由卢胜、吴金接任，独立营划归中共闽粤边区特委直接领导。

根据特委指示，中共潮澄饶县委在加速开辟饶诏边游击区的同时，以十二排为基点，着手恢复潮澄饶地区。活动在饶诏边游击区的潮澄饶红军第一大队，紧密配合地方武装人员，深入发动群众，把组织农会、赤卫队和"三抗"斗争一直扩展到平和县的大溪及云霄县的车仔圩周围。1936 年 2 月起，在十二排一带活动的中共浮凤区委试图重建武装，恢复苏区。但由于国民党的高压政策，加上中共闽粤边区特委在"左"倾错误思想的指导下，在潮澄饶、云和诏县委和红军中开展"肃反"运动，恢复工作屡次受挫。直到 1936 年下半年，中共闽粤边区特委认识到"肃反"的错误，革命斗争才在闽粤边区重新发展起来。

三、桃源洞事件

1936 年 6 月，中共闽粤边区特委决定将独立营改编为中国人民红军闽南抗日第一支队，支队长卢胜，政委吴金；潮澄饶红军第一大队改编为中国人民红军闽南抗日第五支队，支队长李金盛，政治部主任刘炳勋。是年秋，国民党粤军一五七师黄涛部纠集饶平、平和、诏安三县地主武装"围剿"闽粤边区革命根据池。第一支队和红三团紧密依靠群众开展游击战争，接连在北蔗、太平等地组织夜间袭击，打得敌军蒙头转向。活动于饶诏边境的第五支队坚持深入发动群众，不断扩大农会和革命武装，打击地方反动地主豪绅，拔除了 20 多个反动据点，巩固和发展了饶诏边游击区。

10 月 1 日，第五支队从诏安白叶出发，经水尾（今东山镇水美村）、居豪、大陂坑，进抵桃源洞村（今汤溪镇桃源村）扎营。2 日下午，国民党浮山、凤凰、坪溪、饶城驻军及后备队分四路包围桃源洞。红军来不及转移，与敌展开激战，一大批战士英勇地倒在血泊中。当晚红军突围后退入苦竹坑密林隐蔽，甩开敌军尾追。浮凤区委获讯，派出小分队为前导，第五支队迂回绕过敌军封锁线返回闽南。这次"桃源洞事件"（又称"牛皮洞事件"），共牺牲红军战士 52 名、群众 2 名。事后，第五支队建制被取消。

土地革命战争时期中共饶平县组织系统简表

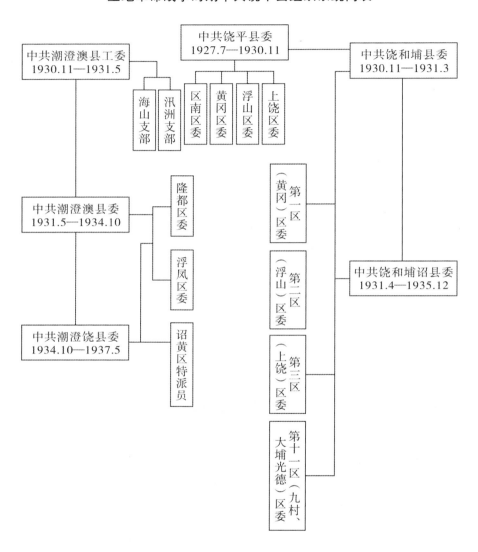

第三章

全面抗日战争时期

第一节 抗日救亡运动

1937 年 7 月 7 日卢沟桥事变后，抗日战争全面爆发。9 月 23 日，蒋介石发表谈话，承认中国共产党的合法地位，以"国共合作"为主体的抗日民族统一战线正式形成。

早在 1936 年 10 月，驻香港的中共中央南方临时工作委员会，即派党员李平来潮汕开展抗日救亡工作，恢复和重建党的组织。1937 年 1 月，中共汕头市支部成立，不久成立中共韩江工委。根据中央指示精神，中共韩江工委通过组织发动群众和争取国民党当局的支持，于 1937 年 8 月 13 日成立汕头青年抗敌救亡同志会（简称"青救会"）。9 月 23 日成立青救会国民革命军一五五师随军工作队，一个月后分赴各县开展工作。

一、饶平的抗日救亡运动

全面抗战初期，在潮汕各地抗日救亡运动的影响下，饶平以进步师生为主体，在学校周围乡村及圩镇开展抗日宣传活动。随着青救会一五五师和一五七师随军工作队两次抵饶，饶平掀起大规模的抗日救亡运动。

1938 年 1 月，青救会一五五师随军工作队两个分队到饶平沿海地区活动，第一分队由卢根率领进驻钱东，第二分队由罗林率领进驻黄冈。随军工作队除深入城乡开展抗日宣传外，还在黄冈镇召开各界救亡工作座谈会，帮助成立黄冈镇青年抗敌同志会，会员 40 多人。5 月，厦门大学学生许志修回乡发动钱东乙峰、三育、紫云三所小学的师生，组织钱东青年抗敌同志会，在钱东镇周围农村开展抗日宣传活动。

1938 年 2 月，一五五师奉命北调，由一五七师接防。同月下旬，一五七师随军工作队由罗林率领，开进饶平的凤凰山区和县城活动，主要任务是在凤凰山创造建党条件和协助健全饶城青抗会组织。3 月，由罗林、李白苇带一部分队员开进饶城，以原饶城抗日宣传队为基础，成立饶城青年抗敌同志会。

饶平青抗会通过演街头话剧，开办夜校识字班，举办有关抗日报告会、演讲会，出版抗日画刊，书写抗日大标语等方式宣传抗日。宣传活动范围除所在地城镇外，还向外围乡村扩展。黄冈镇将宣传活动扩展到大澳、泮洲、碧洲等滨海乡村，钱东镇宣传队的足迹遍及仙隆、灰寨、砚山、上下浮山等周围乡村，饶城宣传队爬山越岭到凤凰、石壁、新丰和浮山等地宣传。

二、海山、柘林民众抗日支前行动

1938 年 6 月 21 日，日本海军陆战队 300 余人，在飞机的掩护下攻占南澳岛。南澳县政府迁至饶平隆都。7 月上旬，潮汕驻军一五七师一个营与第九区刘志陆的民众抗日自卫团第四大队，组织"义勇军"反攻南澳，指挥部设于海山黄隆刘厝祠。海山各村出船出人，积极参战。7 月 10 日夜，海山船民运送抗日自卫团第四大队便衣 40 多人袭击隆澳，捕获汉奸 11 人。从 7 月 14 日夜至 16 日，海山船民冒着猛烈的炮火，顶风破浪，运送反攻部队 200 多名官兵和一批作战物资登岛。在日军海、陆、空军重兵疯狂反扑下，义勇军浴血奋战，毙敌近百名。但因孤军无援，最后只有 80 多人生还。海山有 10 多名船工在这次支援战斗中壮烈牺牲，反攻南澳宣告失败。此后饶平沿海的海山、柘林、汫洲、钱东等地，不断遭受日机、日舰的轰炸和炮击。

南澳沦陷后，鉴于时局危急，一五七师要求青救会再次组织随军工作队赴沿海前线。7月19日夜，由队长罗林率领的小分队从黄冈乘船到达柘林镇。小分队在柘林向驻军和民众宣传日军侵占南澳后大肆奸淫烧杀的罪行，动员军民增强斗志，保乡卫土。鉴于当地渔、盐民生活困苦，小分队向国民党政府交涉，争取到大米2500公斤用于救济，群众深受感动。小分队还多次召集乡、保、甲长开会，强调军民团结合作、步调一致、共同抗敌。通过宣传发动，群众抗敌情绪高涨，恢复了壮丁训练，组织起洗衣队、救护队、运输队、担架队，准备随时抗击日寇侵扰。小分队在柘林工作近一个月，为柘林乡群众抗日工作打下了一定的思想和组织基础。

潮汕沦陷与中共潮澄饶组织隐蔽斗争

1939 年 6 月 21 日，日军 6 个大队 3000 多人，携舰艇 30 多艘、飞机 20 多架，大举侵略潮汕。国民党驻军无力抵抗，汕头、潮州、澄海于 6 月下旬至 7 月中旬相继沦陷。日军所到之处实行"三光"政策，潮汕人民陷入深重的灾难之中。

一、党组织应变措施

面对日军的入侵，为了领导群众进行长期的抗日斗争，潮汕党组织领导机构作了相应的调整。1939 年 7 月初成立中共潮揭丰边县委，负责领导揭阳、潮安和丰顺部分地区的工作。10 月，中共潮汕中心县委改为潮澄饶中心县委，书记李平。次年 12 月，潮澄饶中心县委改为潮澄饶县委，书记李平，饶属辖区有隆都区委、饶丰区委、饶凤浮中心支部。

日军侵占汕头市时，中共潮汕中心县委立即集中青抗会的部分骨干，在桑浦山宝云岩成立潮汕青年抗日游击大队，大队长罗林，政治指挥员卢叨，全队共 60 多人。经与国民革命军第十二集团军独立九旅协商，在保证党的领导和队伍独立性原则下，这支队伍改用国民革命军陆军独立第九旅搜索大队的番号，并开赴潮安前线作战。独九旅搜索大队勇敢杀敌，深得当地军民的赞扬和拥戴。1940 年初国民党制造反共摩擦时，独九旅内部的顽固派暗中活动，企图收编消化搜索大队。根据中共闽西南潮梅特委的指示，游击队主动部署解散，发表被迫解散宣言，揭露独九旅顽固派的反共阴谋，严正申明中国共产党坚持抗日救国的立场。随后，游击队人员一部分转入隐蔽斗争，另一部分组成两个游击组，一组开赴潮普边境，一组开赴韩江以东的潮澄饶边境活动。

为了准备长期的抗日武装斗争，中共潮澄饶县委决定在凤凰山区建立党组织。1940 年 1 月，张旭华、李瑞婉（女）、钱玩湘、黄薇、巫钦耀、张文声等，在凤凰田中村李瑞婉家成立凤凰支部，书记张旭华，组织委员李瑞婉，宣传委员黄薇。后因支部委员分散在凤凰、饶城、浮滨活动，中共凤凰支部改称中共饶凤浮中心支部，由潮澄饶中心县委组织部长卢叨负责联系。中心支部成立后，积极培养和发展新党员，先后在凤凰和道韵吸收了 8 名农民党员，并分别成立党小组。6 月，中共饶凤浮中心支部与丰顺隌隍党组织合并成立中共饶丰区委，机关设于东隌（梅州丰顺县东部），书记邱达生，张旭华任宣传科长兼饶凤浮中心支部书记。

二、党组织隐蔽斗争

1941 年 1 月，国民党顽固派制造了震惊中外的"皖南事变"。此后，国民党当局对共产党地下组织加紧破坏。饶平县国民党政府成立反共机构，制订详细的反共计划，设立八个地方防共联络站，训练了一批联络站情报员。

面对严峻的形势，中共潮澄饶县委贯彻执行了中央关于"隐蔽精干，长期埋伏，积蓄力量，以待时机"的方针和"在有理、有利、有节的原则下，利用国民党一切可以利用的法律、命令和社会习惯所许可的范围，稳扎稳打地进行斗争和积蓄力量"等策略，进行隐蔽斗争。

（一）实行特派员制

为了适应更加恶劣的政治斗争环境，1941 年 9 月，中共南方工作委员会决定将集体领导的党委制改为个人负责的特派员制，采取单线联系。至年底，中共潮澄饶县委分为澄饶、潮饶边县和饶平、饶诏边县等。敌后边县县委实行特派员制，严格执行秘密工作制度，并在党内开展气节教育和纪律教育，要求党员以社会职业为掩护，在农村搞好生产，联系群众，严格遵守党的纪律，严防组织受破坏，随时准备好口供，以防万一。

（二）做好统战工作，建立隐蔽斗争基地

饶平地处闽粤边界，又是沦陷区和国民党统治区的交界地。中共潮澄饶党组织根据斗争的需要，有计划地在饶平境内建立隐蔽基地，进行隐蔽斗争。从 1941 年初至 1942 年上半年，先后在饶中、隆都、凤凰、樟溪、沿海建立了五个基地。

1943 年初，中共潮梅特委派特派员钟声到饶平，与中共饶凤浮中心支部商讨建立隐蔽斗争基地事宜。在听取支部书记张旭华汇报情况后，钟声决定以饶中的浮滨一带为立足点，建立隐蔽斗争基地。通过中共地下党员张文声介绍，钟声化名刘永成到启新小学任教。祖籍饶平的学者张竞生，早年追随孙中山先生，曾任南北议和团秘书，后留学法国，获哲学博士学位，1920 年回国后任北大教授，1933 年后任广东省"实业督办"。后因屡遭诽谤打击和不满国民党官场的腐败无能愤而弃职回乡，组织修筑饶钱公路、兴办学校、建苗圃以造福桑梓。他在饶中一带民众中享有较高的威望，国民党地方官员对他也敬重有加。钟声以学识广博、教学认真、待人真诚、作风踏实而深受张竞生器重。新学年开始时，启新学校及周围乡村聘请教师，多通过钟声、张文声介绍。两年间，党组织先后把李凯、陈义之、陈以一、杨旰龄、张桐萱等 40 多名党员和同情共产党的人士，安排在桥头、大榕铺、溪墘楼、宫下、坪溪、长彬、雁塔、东山等 10 多所学校任教，形成可靠的隐蔽斗争基地。

1942 年春，应樟溪小学董事长张国栋的邀请，共产党员苏文江到该校任校长。苏文江与张国栋是韩山师范学校的同学。在中共潮饶边县副特派员李凯的指导下，苏文江向张国栋介绍共产党的抗日救国主张，把张国栋争取过来，后又说服张国栋出任饶平县参议员，从中掌握国民党的动向。继而协助张国栋的堂叔张广实出任樟溪乡长，使隐蔽活动更有依靠，从而在樟溪建立了基础稳固的隐蔽点，成为国民党统治区和沦陷区的交通纽带。中共潮饶边县特派员吴健民曾在张广实的糖房秘密召开重要会议。杜式哲、蔡初旭等 20 多名中共党员和同情共产党的人士在这里参加隐蔽斗争。

1941 年 7 月，中共饶诏边特派员陈谦在胞兄陈韬（与当地上层人物交好，在群众中颇有威望）的支持协助下，先后把 10 多名中共党员安排在霞岱、高埕、大埕、上东等地学校任教，中共党员邱河玉则以在霞岱村开小杂货店为掩护。隐蔽在沿海学校的党员把学校办得十分出色，受到当地群众的好评，从而使沿海隐蔽基地在群众中深深扎根。

（三）坚持"三勤"，艰苦斗争

1942 年 5 月 26 日，驻大埔县大埔角的中共南方工作委员会组织部长郭潜叛变。6 月上旬，中共南方工作委员会机关被国民党特务破坏，副书记张文彬和宣传部长涂振农在撤退途中不幸被捕，史称"南委事件"。"南委事件"发生后，中共南方局连续电示，除沦陷区党组织继续活动外，国民党统治区域内的党组织一律停止活动，隔断与暴露地区的组织关系；已暴露的党员要立即撤往游击区，其余党员找社会职业作掩护，扎实做好"勤业、勤学、勤交友"的"三勤"活动。

1943 年，潮汕地区大饥荒，加上霍乱疫病流行，挣扎在饥饿线上的民众被迫四处逃荒。当地的共产党员，既挣扎在饥饿线上，又要时刻提防国民党的搜捕，处境极为艰难。但从 1941 年转入隐蔽斗争停止活动到 1943 年的三年间，没有一个组织受破坏，没有一个党员被捕杀，也没有一个党员叛变投敌。坚守在柘林霞岱的共产党员邱河玉，不慎感染霍乱几乎丧命，幸亏找到一种草药治愈，后用这种草药救活多名村民。共产党员陈谦回海山老家后，劝说村中父老将公偿拿出来接济断粮乡民，并动员乡亲互相帮助，共渡难关。共产党员杨君勉懂得医术，苦于缺少药物，陈谦倡议村里拿出公偿谷款购药，最终救活了一大批海山民众。

在艰难的环境下，隐蔽在饶平的共产党员通过多种措施团结民众，并争取、团结了张竞生、张国栋等一批爱国抗日的民主人士，为以后的革命斗争积蓄了力量。

（四）建立地下交通站

在整个隐蔽斗争和停止组织活动期间，中共潮澄饶党组织和沦陷区的敌后武装组织，为了保持与闽西南潮梅特委及以后的留守机关的联系，在饶平境内建立了一批秘密的地下交通站，包括竹叶岭交通站、浮山交通站、上饶洋较埠交通站、新丰交通站、黄冈霞绕交通站、浮任小学饶诏边县隐蔽交通站。这些交通站是潮澄饶党组织及其他边县党组织护送隐蔽党员干部的秘密交通点，也是潮澄饶敌占区党组织向中共潮梅特委留守机关递送情报、输送经费的交通线。

竹叶岭交通站　1941 年底钟声到饶中建立隐蔽斗争基地时，在浮滨竹叶岭张文声家设立了竹叶岭交通站。1942 年下半年，林泽坚从揭阳转来维新小学任教，后与张文声结婚，夫妇共同担负竹叶岭交通站的工作。到饶中隐蔽的党员绝大多数经该站介绍到隐蔽点去。为招待来往同志，张文声卖掉家中的部分田地。这个站一直坚持到解放战争时期。

浮山圩交通站　1942 年初，中共潮澄饶敌后党组织负责人周

礼平派陈光、陈应锐于浮山圩王金城鼎厂附近设立。该站是中共潮梅特委负责人李碧山与周礼平的直接联系点。1943年初，江西省委领导谢育才、王玉珠夫妇经此南下潮汕。

上饶洋较埠交通站　1943年2月，中共潮澄饶敌后党组织派蔡荣胜到上饶洋较埠东北建立此站。1944年由吴荣接替，1945年6月被撤销。

新丰交通站　1943年4月，中共潮澄饶敌后党组织负责人周礼平派邱逸群以开小店卖旧衣作掩护设立此站。1944年9月，林正昭接替邱逸群负责工作。中共潮梅特委留守机关与洋较埠、新丰交通站一直保持密切联系。林月、林莲等女交通员经常肩挑重担，长途跋涉100多公里，沿途还要通过沦陷区的日伪封锁线和国统区的哨站10多处，及时把敌后游击队在斗争中筹集的钱财和情报送到领导机关，又带回领导机关的文件和指示。

黄冈霞绕交通站　1943年春，潮澄饶敌占区党组织派李民禧、陈列明夫妇到黄冈霞绕乡灰埕头设立此站。两人以洗帽和卖旧衣为掩护，担负传递讯息、筹集经费、护送人员的重任。1944年，原敌后上中区特派员陈华君（女）奉调来此站工作。因积劳成疾，缺医少药，陈华君于1946年患病逝世。

浮任小学饶诏边县隐蔽交通站　1942年"南委事件"后，中共饶诏边县党组织在特派员陈谦及其兄长陈韬的帮助下建立此站。陈谦安排地下党员许士杰、蔡初旭、邱逸群、陈锦、陈琼君等到浮任小学所在的旸谷公祠开展"三勤"工作，保存了党的一批革命骨干。

沿海民众保乡卫土的抗日斗争

一、日军侵饶罪行

1939 年 6 月中旬，日军入侵潮汕，饶平虽未沦陷，但连续遭到日机的轰炸。6 月 21 日，日机轰炸钱东的钱塘、仙洲，致民众死 7 人、伤 4 人；10 月 5 日，时值浮山圩圩期，人群拥挤，日机低空扫射，并投下两枚重磅炸弹，致死伤 300 多人；12 月 24 日，日机轰炸黄冈清华路与丁未路的交叉点，炸死 60 多人，伤 10 多人。

1940 年 7 月 23 日，驻南澳岛的日军渡海攻占饶平海山岛，设立"维持会"，对饶平人民进行血腥的统治。

1941 年 7 月 4 日，日军分两路进犯黄冈：一路从东侧的柘林、东界登陆；另一路从西侧的洪洲登陆，占领将军岩至玉塘山头一带山地，随后经山家、巫峡头等村。沿途杀人放火，烧毁民房数十间。7 月 6 日，日军 100 余人经龙眼城进犯西林，焚烧房屋 112 间；后又窜扰李厝、沈厝、仙洲等村。7 月 8 日，日军数百人分水陆两路，水路乘汽艇溯河而上，至下塔附近登陆，经金厝围至潘段；陆路从步上村出发，经水吼、獭地埔，袭洋东村。日军沿途大肆烧杀抢掠。

日军进占黄冈后，进行大规模的洗劫，把全区 1030 多家商店的粮食、布匹、副食品、铁器都搬上汽船运走。日军进犯沿海期间，烧毁房屋 1000 多间，杀害民众 100 多人，不少妇女被奸污。

1942 年 6 月，日伪闽粤边区绥靖军翁尚功部占据汛洲岛后，在岛上筑炮楼，对柘林湾海面进行掠夺，并经常袭击东界、柘林等沿海乡村。

1943 年 10 月，日军在海山黄隆成立伪饶平县政府。11 月日军攻陷澄海的樟东和饶平的隆都后，伪政府迁到隆都店市。此后，与之相邻的钱东仙洲、崎头、塔护一带成为日伪军经常侵入和掠夺的地区，多次被烧、杀、抢、掠。

二、沿海民众保乡卫土的英勇斗争

饶平沿海民众前期接受了抗日救亡运动的宣传教育；潮汕沦陷后，日机的狂轰滥炸和烧杀掳掠，更激起民众的民族仇恨。出于保乡卫土的强烈要求，特别是在敌后武装斗争的影响下，群众积极投入抗日武装斗争中。其斗争历程可分为三个阶段。

第一阶段是 1942 年秋以前，多数出于民族仇恨的自发行动。如 1939 年 9 月 24 日，一架日机降落在东界大埕双溪沙埔上，上东和大埕村民众拿着刀、扁担、锄头冲到飞机降落地点，抓获日军士兵 1 名，当场打死 1 名。同年 12 月，闽粤边伪军司令黄大伟部被国民党七十五师打败后，部分散兵退到东界上东村企图乘船逃走。黄大伟的参谋长林知渊和秘书周定，被村民陈清鱼等俘虏。周定被民众吊死在松柏树下，林知渊被捆送饶平县政府。事后，饶平县政府送给上东村一块匾额，上书"平藩东国"。

第二阶段是 1942 年秋至 1943 年，饶平民众开始有组织的抗日行动。最突出的是活动于东界、柘林一带的海盗吴乌森部。吴乌森激于民族仇恨，于 1942 年 11 月 30 日夜分兵两路，奇袭停于东石小门港海面的日伪货轮，成功夺货轮 2 艘，并俘虏 10 多名日伪兵，大长沿海民众的志气。日军于 12 月 22 日分兵两路入侵柘林和龙湾村。龙湾民众奋起抵抗，大港民众闻警前来助战。吴乌森在战斗中伤重身亡。日军烧毁部分民房后，在民众抗击下撤走。战斗结束后，饶平县当局送给龙湾村一块牌匾，上镌"英勇杀敌"题字，以示嘉奖。

第三阶段是1944年以后，民众保乡卫土的组织进一步发展，抗日声势汹涌。如在沿海西南部的钱东镇，以地方爱国人士沈英名、林光镜等为首，于1944年1月组织成立了钱东民众抗敌委员会。沈厝乡率先成立自卫队，其他乡相继成立，统一为钱东民众抗敌自卫队。他们订立抗日誓约"一处报警，全面抗敌"。区长林光镜号召"一乡有难，各乡支援"。1944年1月，日伪军200多人配轻重机枪、大炮进犯钱东前哨仙洲乡。村民陈广发觉后立即鸣枪报警，四乡抗敌自卫队蜂拥而出，一鼓作气，将日伪军击退。时隔七天左右，日伪军兵分三路重犯仙洲乡。仙洲乡民众奋起迎战，接着灰寨、钱塘、紫云、上下浮山、沈厝等乡自卫队会集2000多人，从四面八方赶来助战，再一次将日伪军击退。钱东民众抗日队伍联防抗敌，屡战皆捷，挫败了日军的嚣张气焰，成为饶平沿海民众团结抗敌的楷模。在钱东人民的带动下，各地纷纷效仿。1944年7月初，日军200多人在洪洲沙湾登陆，遭到国民党收编的海盗吴木水部的抵抗。吴部在虎头山阻击敌军，战斗十分激烈。洪洲乡民众拿着土枪、大刀和大旗，如潮涌般迁到虎头山助战。日军见声势浩大，只得撤退。其中有一小队日军退至海边盐埕，抓住盐民林振吻要他带路。林振吻趁潮水初涨之机，将日军引落蚝田深沟，自己潜水逃脱。第二天，有三具日军死尸出现在龙宫头海滩。沿海民众的抗日斗争，一直坚持至1945年8月15日日本投降为止。

第四节 党组织的恢复和抗日武装斗争的开展

　　1944 年 9 月，为发展南方的游击战争，配合全国作战，中共中央电复潮梅特委，同意恢复组织活动，开展武装斗争。1945 年 3 月 6 日，中共中央对潮梅闽西的工作做出具体的指示。中共潮澄饶党组织按照中央和上级党委指示，开始恢复组织生活和开展武装斗争。

一、饶平各级党组织恢复活动

　　1944 年 10 月，潮澄饶地下党领导骨干会议在潮安县的江东佘厝洲召开。会议传达了中央指示和潮梅特委的决定，成立中共潮澄饶县委，周礼平任书记，副书记吴健民，陈谦任宣传部长。接着派员按级逐人审查，恢复党员组织关系和组织活动，并在此基础上，建立各级的党组织。

　　许士杰负责饶属隆都地区恢复组织活动的工作。当时的隆都是沦陷区，党组织虽没有健全的领导机构，但多数党员已先直接或间接地参加武装斗争。因此，审查党员恢复组织的工作进展得比较顺利。

　　1944 年 10 月，中共潮澄饶县委派陈谦为饶丰边特派员，开始恢复东、凤凰、上饶的洋较埠等地方党组织。1945 年 1 月，潮饶丰边县工委成立，书记余昌丰，组织部长罗凡，宣传部长许宏才。陈谦调任潮澄饶县委宣传部长后，继续负责恢复樟溪、启新、竹叶岭、雁塔等学校的党组织，并成立了党支部或党小组。

饶和埔方面，1944 年 10 月，在闽粤赣中心县委的领导下成立了饶和埔丰县工委，书记张全福，委员黄长胜、廖伟、黄维礼，在饶属地区恢复了上善和茂芝两个党支部。

二、扩大抗日武装斗争

党组织恢复活动后，中心任务是组织扩大抗日武装斗争。1945 年 1 月，潮澄饶县委决定主要领导力量分为二线：第一线负责领导武装斗争，由周礼平主管；第二线负责地方党组织的隐蔽斗争，由吴健民主管。在决定建立公开抗日武装的同时，抓紧发展和扩大地下军组织；建立比较完整的交通联络网，加强对敌友我和社会情况的调查研究；扩大抗日统一战线，派员打入敌人内部掌握情况；加强对抗日胜利的宣传，鼓舞群众的斗志。

此时中共潮澄饶县委驻于隆都樟籍，而日伪饶平县政府设于隆都店市，隆都成为敌我争夺的重要地区。1945 年 2 月隆都区委成立后，在多个乡村建立和扩大地下军组织，以村为单位编成小组，村与村之间不发生横向的关系，队员不脱产，主要任务是配合敌后武装小队的活动和补充兵员。党组织利用当地的风俗，采取隐蔽的形式进行宣传，从而达到了既不暴露党组织又能达到宣传发动群众的目的。

与此同时，周礼平派陈汉为潮饶丰特派员，在凤凰山一带建立交通站和发展地下民兵组织，为开展武装斗争做准备工作。如在凤凰山东南侧的坪溪，通过党员杨玉坤等组织地下游击小组，发展了刘春永等 10 名农民积极分子，成立地下军。继而通过地下军成员，掌握坪溪东里村守菁队的枪支。在东里村建立新的联络站，作为潮安和饶中之间的联系点；还在凤凰的南坑、横村、凤凰圩和东赏村的觉民小学等处建立联络点，使沦陷区至上饶的交通线保持畅通。同时在凤凰组织以进步学生为主的"祖国抗日胜利大同盟"的组织。

1945 年 8 月 15 日，日本宣布无条件投降，但驻潮汕日军仍不甘心失败，直至 9 月 2 日日本在投降书上签字后才有所收敛。9 月 28 日，潮汕地区日军受降仪式在汕头潮汕前进指挥所举行。

全面抗日战争时期中共饶平县组织系统简表

恢复活动后的组织系统

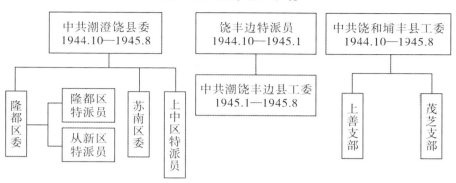

4

第四章

解放战争时期

第
一
节 **抗战胜利后饶平党组织的隐蔽斗争**

　　1945 年 8 月 13 日，毛泽东在延安干部会议上作《抗日战争胜利后的时局和我们的方针》的报告，科学地分析了抗日战争后时局的发展，提出中国共产党争取和平发展和准备战争的方针。10 月 10 日，国共两党签订了《双十协定》。协议公布不久，国民党便撕毁协议，向解放区进攻。潮汕地方党组织奉命转入地下斗争。

　　1945 年 11 月，经中共中央批准，中共潮汕特委在丰顺八乡山成立。12 月，潮澄饶县委和潮饶丰县工委调整为澄饶县工委和潮安县工委。党组织在三个月内彻底转入地下，已暴露的人员坚决转移。1946 年 1 月，澄饶县工委改为澄饶丰县委，书记陈谦，负责联系海山、大澳、柘林、黄冈；组织部长陈锐志联系上饶、附城、饶中的坪溪、浮山、浮滨、东山、长彬等。

　　1946 年初，成立中共饶和埔丰县委，书记廖伟。黄维礼任中共饶和埔丰边区县委特派员。在其领导下饶属有双善、茂芝支部。1946 年 2 月，中共闽粤边临委决定攻打大埔县高陂，解决经济困难。2 月 21 日，刘永生率领的王涛、长胜支队到上善集结。25 日袭击大埔高陂银行和乡公所，缴获长短枪一批、国币 3000 万元。次日部队转入饶平县的九村，经陈坑到茂芝圩，深夜抵上善。此役影响极大，群众欢呼"红军又回来了！"

　　1946 年 6 月 30 日，韩江纵队奉命北撤。为适应隐蔽斗争，同年 12 月，中共澄饶丰县委调陈义之为特派员，1947 年 3 月又派黄若影为饶中特派员，联系隐蔽在学校中的党员。饶和埔党组织也于 1946 年下半年转入隐蔽斗争。黄维礼、黄大水、罗克群等二三人为一组，分散在基础较好的山村，化装成农民，与当地群众一起上山砍柴、烧炭，关心群众疾苦，同群众结下亲密关系。

第二节 恢复武装斗争，建立游击基地

一、建立莲花山武装活动基点

1946 年 12 月，中共香港分局遵照中共《对南方各省工作的指示》，做出恢复广东武装斗争的决定。1947 年 5 月，中共潮汕特委召开会议，传达香港分局指示，确定建立大北山、大南山、凤凰山等根据地。同月，潮澄饶武装基干队在钱东卓花村成立。7 月，澄饶丰县委书记、副书记等主要成员被捕。8 月，中共潮澄饶丰山地工作委员会在潮安东凤秘密成立，书记陈义之。中共潮澄饶丰山地工作委员会成立后，武装队伍人员秘密集中到卓花村建业农场，建立革命活动据点。

经过几个月的准备，中共潮澄饶丰山地工作委员会武装队伍成功袭击扼守潮澄饶三县交通要冲的澄海樟林乡公所，缴获一批枪械弹药。随后，在樟村市场散发《潮汕人民抗征队告各界同胞书》，号召人民群众团结起来，抗击国民党的"征兵、征粮、征税"。袭击樟林乡公所胜利之仗，打响了潮澄饶恢复武装斗争的第一枪，揭开了潮澄饶解放战争的序幕。此战之后，中共潮澄饶党组织开始在凤凰山建立根据地。

二、开辟上饶游击区

1947 年 7 月，中共饶和埔丰边县工委重新成立。同年 12 月改为中共饶和埔丰诏县委。武装基干队扩建为粤东支队独立第五大队，大队长黄曦。1948 年 3 月 12 日，独立第五大队等三支队伍共 200 多人，袭击驻陈坑的国民党詹春霖保警中队，破开太平圩谷仓，将 9000 多公斤粮食分给附近农民，并向群众宣传"抗三征"政策。活动于饶和埔诏边境和饶平双善地区的第四分队，在队长李奋的率领下，经过两个多月的努力，发展基干民兵 50 多人，并打通联结闽南支队的交通线。与此同时，独立大队副政委钟盈在柏嵩关红宫子成立上饶武工队，在石井建立了立足点，并向白花洋、建饶一带发展。不久，又成立九村和田仔山武工队。他们从发动群众清理公偿入手，帮助农民解决生活困难，秋收时又率众进行减租减息斗争。群众获得利益，积极参加斗争，很快形成饶城东北部的游击区。

1948 年 10 月，刘永生率粤东支队一部从双善出发，向建饶地区进军，与国民党保警周乃登、詹春霖、詹仲凯部对阵于东岩寺。粤东支队一团政委杨建昌在战斗中不幸被击中腹部而牺牲。战士们极端悲愤，在司令员刘永生的指挥下，分三路反击，保警中队全线溃逃。经过半年多的艰苦奋斗，双善的武工队和民兵群众，孤立了深峻反动据点，巩固了游击区。同年冬，中共双善区委于西岩山茶寮成立，书记刘善。至 1949 年 2 月，中共双善区委由肖枫接任书记，辖区委机关、上善、下善三个党支部。

1948 年 12 月，上饶武工队配合边一团，分三路袭击许坑大楼、老圩坪、茂芝圩，击溃国民党茂芝自卫队，处决反动地主、叛徒、保长若干名。战斗后，上饶武工队 30 多人随边一团教导队到西岩山整训，后编入边纵部队，参加了 1949 年 1 月解放大埔湖寮的战斗。

三、开辟饶中，联结闽南

1948 年 7 月间，中共中央香港分局指示，潮澄饶丰武装力量要尽快与活动于饶诏边一带的闽南游击队取得联系，以便配合作战。

八仙山地处闽粤交界，向东可延伸至闽南游击基地乌山，向西经饶中盆地与凤凰相接。从十二排游击基地出发，经五祉、犁壁面、土坑、灯塔、苗田、冯田、下蔡，到诏安县境，这条路线是土地革命时期红军的重要交通线。

1948 年 8 月初，十二武工队在浮滨的十二排牛角厝成立，队长陈剑青，副队长张桐萱。8 月 22 日黄昏，十二武工队和解放军韩江支队第十一团五连共 50 余人，经过艰苦的夜行军，越过黄冈河和国民党的封锁线，于 24 日晚抵达乌山上的水晶坪（今福建省云霄县桥头村）。中共闽南地委书记卢叨主持了会师大会。会师后，五连配合闽南第三大队留在饶诏边界活动，十二武工队回饶中开辟南四游击区，扫清饶平十二排至下礤的障碍。9 月 17 日晚，五连突袭距黄冈镇仅有 10 里的古笃村，击溃国民党驻军二三百人。此战对国民党当局震动很大。10 月，十二武工队在饶中盆地的多个村落建立联络点，饶中走廊初步打通。

为适应形势发展，1948 年 10 月，上级党委决定成立中共饶中区委，陈义之兼任书记，副书记陈剑青。同时成立三个武工队：西四武工队，队长李培聪，活动于浮滨至十二排一带山区；南四武工队，队长张桐萱，活动于黄冈河东岸；东四武工队，队长陈孝乾，以桃源、乐岛为基地。

1948 年 11 月，广东保安独立第十一营王国权部 300 多人，在吴大柴、吴思义、林追光地方部队的配合下，对饶中游击区进行大"扫荡"。面对敌人的反扑，饶中区委于宫下马脚寮（今属饶平浮滨镇）召开武工队骨干会议，到会 20 多人，由陈义之主持。会议强调饶中的任务是牵住国民党主要兵力，以便我主力部队围歼凤凰之敌，争取早日建立凤凰山根据地。会后，武工队领导人深入饶中发动群众，组织基干民兵开展游击战。

第三节 解放区的建设和全县各游击区的蓬勃发展

随着全国解放战争形势的迅猛发展，中共闽粤赣边区于 1948 年 8 月 7 日至 22 日在大埔县大埔角村召开党代表会议，选举产生闽粤赣边区党委，下辖兴梅、潮汕、韩东、闽西、闽南五个地委。边区代表会议后，中共韩东地委于大埔角成立，地委书记黄维礼，副书记兼组织部长吴健民，宣传部长李习楷。下辖潮饶丰（山地）、潮澄饶（平原）、饶埔丰、饶和埔四个县委和汕头市地下党组织，地委机关设于凤凰山的凤南（五股）。

至年底，中共饶和埔的武装力量由独五大队发展为十三团，有 400 多人枪，建立了以西岩山为中心的饶和埔丰游击根据地；潮澄饶的韩支十一团和所属的地方部队，发展至 1500 人，形成凤凰山游击根据地。

1949 年 1 月 1 日，新华社刊发了毛泽东《将革命进行到底》的新年献词，预示着全国胜利即将到来。同日，中国人民解放军总部发布成立闽粤赣边纵队的命令，中共闽粤赣边区党委召开军民庆祝大会，并宣布属韩东地委领导下的部队列为第四支队，全县游击区迅猛发展。潮澄饶、饶和埔的解放战争进入新的进攻阶段。

一、上饶解放区的形成

1949 年 1 月，闽粤赣边纵队第四支队第十三团配合边纵直属部队一举解放大埔重镇湖寮，上饶和大埔的解放区连成一片。由吴耀率领的上饶武工队，迅速进入茂芝、石井一带活动。1949 年 2 月，中共上饶区委成立，书记吴耀。

1949 年初，上饶西部九村、田仔山游击区武工队发展至 20 多人，并在田仔山建立游击根据地；洞泉、锡坑、三斗坑三个民兵基干队发展至 100 多人。革命活动已发展至饶城的西陂、官田、滦溪等乡村。4 月 13 日，十三团率队进攻新丰圩，国民党军仓皇撤退，上饶大部解放。原上饶武工队改为茂芝、石井、陈坑三个政工队。

5 月 10 日，坪山坡上召开万人大会，庆祝上饶解放。上饶区委成立救荒会，帮助当地群众度过春荒。九村和田仔山武工队保持原有建制，继续开展游击斗争。

二、饶中游击区的蓬勃发展

1949 年 1 月底，凤凰全境解放。上饶和凤凰的解放，促进了饶中游击区的迅速发展。在中共饶中区委的领导下，西四、东四、南四三支武工队，组织群众迅速铲除地方反动势力。

1949 年 2 月下旬，饶中区委在南面成立了青岚武工队。不久，武工队突袭柘林仔村土匪杨如质，使整个南面成为牢固的游击区。南四武工队与闽南游击队于 1949 年春联合建立武工队，陆续控制了冯田、市田、南山、曲河等地区。3 月 26 日，武工队袭击长彬的南四乡公所，开仓济贫。

由陈孝乾率领的东四武工队，以汤溪的乐岛、桃源等村为基地，进入居豪、东山等地。3 月 23 日，武工队与闽南部队联合，突袭东四乡公所，逮捕乡长和联防队长，收缴乡公所武器。5 月，在北坑枪毙地主林进弟，没收其财产，分配给群众。至此，东四游击区与闽南部队开辟的双罗、水美、建饶连成比较稳固的游击区。

4 月初，国民党驻大榕的林追光部撤至溪墘楼水头祠设立闽粤赣据点。不久由保警一中队周水亭接防，另分部分兵力驻于浮滨圩。5 月下旬，边纵队第四支队，集中十一、十五团和武工队共 800 多人，于 26 日晚围住溪墘楼。敌军负隅顽抗，至 9 时许被歼。四支队俘虏 45 人，缴轻机枪 1 挺、长短枪 60 多支。此役有 7 名战士牺牲。继溪墘楼战役之后，四支队十一团一个连在南四武工队的配合下，奇袭南四潘段村。6 月 9 日，潘段村为关帝庆生，两名进步青年作内应，暗中打开寨门，不费一枪一弹，活捉族长黄大英，缴长短枪 20 多支。随后，召集全村乡绅保长讲话，宣传共产党政策，收缴武器。

抗日战争时期，中共组织在饶中建立起来的学校隐蔽斗争基地，团结了一批爱国人士，如樟溪的张国栋、张广实，南四的陈树京、陈庭光等。特别是学者张竞生，在地方党组织统战下，进一步认清时局。1949 年 5 月，凤凰解放区革命队伍扩大，要饶中武工队征集粮食 600 担。得知消息，张竞生立即召集张姓四大村的乡绅，统筹了粮食和医药用品等，安排饶中游击区的民兵送到凤凰解放区。在他的影响下，浮滨各村普遍建立了"白皮红心"政权，成为游击活动的重要阵地。

三、开辟东界游击区

凤凰解放后，中共韩江地委贯彻闽粤赣边区党委关于"向平原伸展，开辟平原游击区和连结闽粤边根据地"的指示，决定开辟东界游击区。

1949 年初，中共潮澄饶平原县委经过多方努力，成功策反吴乌森部下杨短手（杨英勇）起义。3 月，在凤凰成立韩江支队独立大队，共 50 多人枪，代号"天津部"。大队长杨短手，政委陈汉，副大队长陈沛霖，武工队长宋升拱。独立大队于 4 月 8 日拂晓，秘密进入东界大港北山的洞庵岩。

4 月 9 日晚，天津部与在这一带活动的闽南独立大队，分南北两门进攻所城，获胜后立即组织群众破开谷仓济贫。武工队则到各村宣传全国形势，号召群众全力支持解放战争，并就地吸收一批进步青年参加工作，以利于普遍发动群众。

所城一役之后，天津部收编了境内的海盗陈猫仔、陈德周等。为了打破国民党对东界交通和经济的封锁，天津部决定组织海上部队共 30 多人，由杨短手和林正昭率领，配备电船一艘、木船三艘，活动于柘林湾海面至南澳之间，维持水上交通，保护过往货船。对过往货船抽 5% 的实物税，以缓解部队给养困难。接着武工队袭击国民党盐警中队（分驻于柘林、南任、新村）。天津部抓获盐警中队中队长后，向他宣讲中国人民解放军的政策，提出约法三章：盐警要严守中立；不得向国民党通风报信；不得欺压群众。数天后，这名中队长将柘林、南任的盐警撤到新村。随后，天津部宣布取消盐税，其他税收也全部废除。

东界游击斗争的蓬勃发展，使喻英奇、洪之政极为震惊。他们即派陈汉英、林孔昭为正副指挥官前来"围剿"。5 月 27 日，韩支和闽南两支独立大队负责人在所城镇四房祠，召开动员大会，号召各乡的青壮年组织起来，共同抗击国民党军的进攻。6 月 3 日，国民党军 300 多人分海、陆两路进攻东界。一番交战，考虑到海陆两路被封锁，得不到补充，决定主力撤出东界，留武工队牵制敌人。6 月 10 日，国民党增兵至六七百人，并由福建吴子高营配合，双方在大港乡战斗十分激烈。6 月 23 日拂晓，两支武装队伍和家属 160 余人，撤至诏安境内，在当地民众的帮助下，转移至饶平的冯田。

国民党军队占领东界后，进行报复性的烧杀，杀害民兵、群众30多人，烧毁房屋60多间，更多的民众被拷打、囚禁、勒索"花红款"。当地民众称之为"五二七惨案"。东界一役，虽未能建立牢固的基地，但牵制了国民党的兵力，使凤凰根据地更加牢固。东界人民的英勇斗争，在饶平革命斗争史上写下光辉的一页。

在开辟东界游击区的同时，抗战时期隐蔽在黄冈的中共地下交通站，隐蔽在钱东紫云小学的黄秉瑞、黄橱、黄伍等，在汕漳公路两侧村庄建立地下军事组织，配合东界游击斗争，烧毁塔护桥和龙须港。各种游击活动，一直坚持到全县解放。

四、开辟西厢游击区

1948年秋，活动于凤凰北部的第七武工队向东发展至梅峰。梅峰与凤凰交界，位于饶城的西北侧，距饶城10多千米。周围崇山峻岭，形势险要，有20多个小村庄，是土地革命战争时期的游击区。9月，蔡初旭、赵维卓到梅峰北部的大南湖山寮活动，至月底，在梅峰秘密组织起32人的民兵队。10月6日，梅峰民兵配合韩支十一团第十连和第七武工队成功奇袭驻石壁的西厢乡公所。10月，以第七武工队为基础成立第十三武工队，队长蔡初旭，副队长赵维卓，初步建立梅峰游击基地。

为打击国民党军的嚣张气焰，十三武工队扩充力量组建十五武工队，队长陈作朝，副队长赵维卓。1949年1月，凤凰全境解放后，梅峰成为凤凰解放区的东侧门户。武工队迅速开展武装活动，先占领西厢乡公所所在地石壁村，接着占领梅峰东面的南淳村，再占领距饶城仅3.5千米的乌洋村，西厢乡成为饶城西北部重要的游击区。

五、对饶城展开军事、政治攻势

1949年4月下旬，武工队率民兵于饶城北门，大造攻城声势，守军惊慌失措。接着，组织民兵袭击驻扎在新楼的陈秉钧部。5 月 26 日，边纵四支队主力攻打浮滨溪墩楼时，武工队集中民兵 100 多人，破晓时登上天保寨，摇旗吹号大造声势，以作牵制。

与此同时，对饶城的政治攻势也在悄然展开。1948 年 10 月，饶平县立简易师范学校（简称"饶平简师"，1944 年创立）学生林春海在凤凰参加第十三武工队。年底，林春海秘密回到饶城，在饶平简师发展地下组织。1949 年初，潮饶丰县委与简师校长李芳柏建立统战关系，其子李家齐（青年教师）和学生曾拔科在校内发展地下组织。饶平一中赤心友学社的学生也转到简师参加活动。学生地下组织将武工队发来的宣传品，在城内张贴和散发，甚至利用关系把传单放到县政府内和国民党军驻地。饶平县长詹竞烈看到大势已去，于 1949 年 4 月 16 日辞职，带妻子出逃。新任县长洪之政在乘车到饶城途中险些被炸，不敢进入饶城。国民党饶平县党部书记林一经，请求与武工队谈判，还把两支驳壳枪缴交武工队。

五六月间，武工队力量已发展到饶城近郊的祠堂、田寮一带，东北面已进入北厢乡的西坡官田，与上饶田仔山武工队取得联系，并开始袭扰饶城，对饶城开展军事、政治攻势，为解放饶城作准备。

第四节 解放饶平全境

1949 年上半年，解放战争已取得决定性胜利。6 月，闽粤赣边纵队在潮汕、兴梅、闽西、闽南已解放县城 18 座，解放区人口 600 多万人。闽粤赣边区党委根据形势，决定撤销韩江地委，成立潮汕地委潮澄饶分委，书记李习楷，副书记许士杰。四支队保留建制，司令员许杰，政委吴健民。在饶平境内形成凤凰、上饶两个解放区，附城、河东、河西 3 片游击区，以及黄冈、钱东的地下情报组和地下民兵组织。国民党军龟守在饶城、浮山、黄冈、钱东、樟溪等几个孤立据点。

1949 年 6 月，中共饶平县工作委员会在饶中下庵成立，书记陈义之。县工委下辖河东、河西、附城三个区委。新成立中武武工队，武工队队长张文声，由县工委直接领导。武工队民兵大队长文长义，下辖 3 个民兵中队。

一、攻占饶城

1949 年 7 月初，闽粤赣边纵队副司令员铁坚率边一团和边七团进入凤凰解放区，与中共潮澄饶分委和第四支队负责人吴健民、许杰、李习楷等，研究解放饶平的作战方案。

7 月 7 日晨，边纵兵分两路，边七团主攻县城西、南侧，边一团一部进攻塔山和东门。边一团主力抢占南关车站，攻占邱氏宅仁公祠后，与边七团会合，攻陷警察局，包围县政府。守军见大势已去，举白旗投降。

饶城一役，歼灭国民党保警3个连、3个后备队共300多人。投降的营连级干部3人，缴重机枪3挺、轻机枪8挺、长短枪400余支，子弹、电台等军用物资一大批。饶平县军事管制委员会随即成立，主任庄明瑞，副主任陈义之。8日晨，田仔山武工队在葵坑俘虏自卫队张辉光部108人，缴长短枪80多支。10日，边纵主力部队奉命北上，途中解除了双善深峻乡的地主武装。上饶其他地方反动武装基本被肃清。

二、国民党军的反扑

得悉饶平县城被困的消息，国民党三二一师九六二团张光全部，会同澄海的陈汉英保警二营、饶平的吴大柴保警一营、吴思义的九连共500多人，于7月11日向饶城反扑。饶平军管会获讯后迅速撤退，只留一座空城。国民党军张光全部在饶城抢掠一番之后，离开饶城。

1949年8月15日，喻英奇任命梁国材为饶平县县长，吴大柴为饶平保安预备团团长。吴大柴将团部移驻浮山，命令林追光一个营守城。林追光只有250人的兵力，只得强派民工筑防御工事负隅抵抗。饶平军管会撤出饶城后，移驻梅峰基地，一方面发动群众实行"二五减租"，征收粮食，掀起迎军支前的热潮；一方面加紧扩大游击区，组织西南、城北、扬康等民兵大队，形成对饶城的包围。

三、迎军支前，阻击胡琏残部

1949年8月6日至17日，中共潮汕地委潮澄饶分委在凤凰的养英学校召开接管工作研究会，学习中央有关城市政策问题的指示，做出"四保护"和"十纪律"的决定。四保护：（1）保护人民生命财产的安全；（2）保护民族工商业，凡属人民经营的工厂、商店、银行、码头，一律予以保护；（3）保护公共文化教育机关，包括学校、医院、文化机关、体育、娱乐场所、宗教团体等；（4）保护外国侨民生命财产的安全。十纪律：（1）服从卫戍部队的指挥；（2）服装整齐，军容庄肃；（3）不准在街上游荡；（4）不准在街上吃东西；（5）不准擅入民房；（6）不准无故放枪；（7）接收敌伪机关，不准取一针一线；（8）不准向居民借物，借物统由总务长负责；（9）不要接受人家的欢宴，不接受人家的送礼；（10）禁止出入妓院。

8月29日，饶平县迎军支前动员委员会在梅峰成立，饶平的支前任务：大米5000石、柴草2000担、肉10000斤、盐10000斤，组织民工8000名。各区深入群众进行动员，在做好宣传、解释工作的基础上，完成迎军支前的工作。

9月25日，困守孤城的林追光部，率部趁夜撤至浮山。

9月26日，饶平县军管会及附城区武工队开进饶城。上饶区解放后，成立区人民政府，区长赵维卓，在洋较埠圩召开万人大会，庆祝上饶全境解放。

9月28日，国民党胡琏残部500余人窜至饶平县城。四支队十四团青岛连及西石民兵在飞龙径伏击，激战两个小时，毙伤53人，俘43人，并缴获一批枪支弹药。胡琏部绕道待诏山，经凤凰向潮安撤退。

四、肃清残敌，全境解放

1949年10月上旬，在潮汕的国民党喻英奇部奉命撤离潮汕，洪之政接任绥靖公署第一挺进队司令兼第五专员公署专员。洪之政知道局势已危，任命陈汉英为"广州绥靖第一挺进队代司令"，自己逃往香港。迫于形势，陈汉英派代表与闽粤赣边纵队第四支队谈判，接受改编。其部属吴大柴却暗怀鬼胎，把武器分散埋藏，于11月21日撕下面纱，在黄冈打出"中国反共救国军"的旗号，并派人到诏安与反共分子沈焕奎和海盗吴木水、周空心密约，妄图垂死挣扎。

11月30日，中共潮汕地委书记兼军分区政委朱曼平、军分区司令员铁坚在汕头召开军事会议，部署"打吴"行动。12月5日，部队由铁坚率领，兵分三路：一路由五团进军钱东，以防吴大柴部向西逃窜；一路由新一团从饶中进攻浮山；一路由边纵一支队从饶城至东山夹击。吴大柴在浮山、大陂、渔村的据点，一触即溃，率残部向诏安东桥溃逃，并由宫口乘船逃至南澳。

1950年元旦，饶平县人民政府成立，陈君霸任县长。至此，饶平全境只有海山岛未解放。1月初，中国人民解放军第四野战军一二一师三九〇团一个营，在潮汕军分区部队和边纵一团的配合下，于8日晚分别从洪洲和柘林发起进攻，县军管会指定朱惠施、沈介和为向导。野战军一路于坂上村，一路于东石宫登陆。国民党驻军余乌鼻、吴木水、李铭康部被歼，残部200多人溃逃至南澳。至此，饶平县全境解放。

解放战争时期中共饶平县组织系统简表

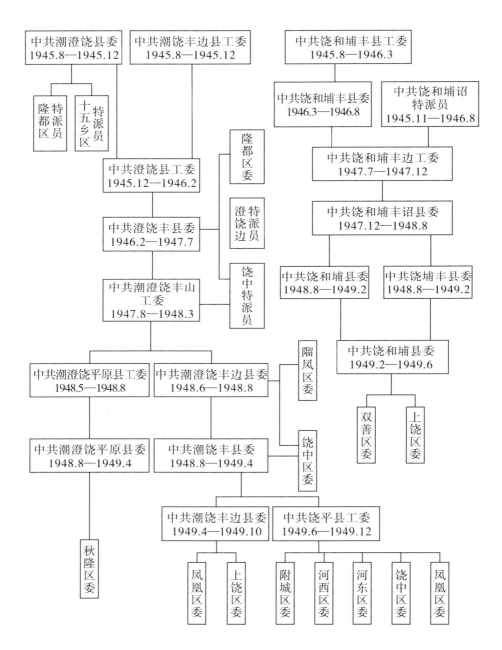

第五章

老区建设发展

第一节 万象更新齐发展

中华人民共和国成立后，饶平人民在中共饶平县委、县人民政府的领导下，弘扬革命精神，艰苦奋斗，进行社会主义发展建设，逐步改变"一穷二白"的落后状况。饶平的政治、经济、文化、社会等各项事业取得了令人瞩目的成就。

一、经济发展面貌新

新中国成立后，饶平在大力发展社会生产力的同时，调整、变革生产关系，建立以公有制为主体的社会主义经济基础。经济建设虽在一定时期出现过挫折失误，但还是取得较快的发展，出现了欣欣向荣的景象。从 1949 年至 1978 年，在进行大规模的社会主义革命和建设发展过程中，饶平的经济发展可分为五个时期。

（一）三年经济恢复和"一五"计划时期（1949—1957）

从 1949 年至 1952 年，全县以清匪反霸，整顿机关人员，充实发展农村支部党组织，建立人民代表大会制度，并着手进行土地改革，恢复工农业生产、整顿经济秩序和实行民主改革为重点。经三年的恢复整顿，特别是经过土地改革，大大调动广大人民群众的生产积极性，提高了劳动生产率。至 1953 年，全县工农业总产值 8003 万元，比 1949 年增长 66%。从 1953 年至 1957 年，全县进行第一个五年计划建设。按照饶平的县情，以"三大改造"为中心，重点发展农业和轻工业生产。至 1957 年底，全县工农业总产值 11458 万元，比 1952 年增长 61.7%。

农业方面，1954 年开始实行农业合作化，至 1956 年底，全县 97.5% 的农户加入高级合作社，土地实行农民集体所有制。加上兴修水利、平整土地、推广良种、改善农业生产条件，农业生产迅速发展。1953 年全县实现粮食自给，1956 年成为余粮县。农、林、牧、副、渔同步得到发展。1957 年全县农业总产值 8731 万元，比 1949 年增长 1.03 倍；粮食总产量 138588 吨，比 1949 年增长 84.9%。

工业方面，"一五"期间完成对私营工业、手工业的社会主义改造。1957 年底全县计有工业企业 328 个（其中国营 26 个、集体 122 个、个体 180 个），国营工业的产量、产值跃居首位。全县工业总产值 2727 万元，比 1949 年增长 4.26 倍。

商业服务方面，经过社会主义改造，90% 以上的私营商业纳入社会主义经济轨道。国营、集体商业成为商品流通领域的主导力量。1957 年全县社会商品零售额 3266 万元，比 1949 年增长 1.15 倍。

这一时期经济发展比较顺利，不仅迅速恢复了遭到严重破坏的国民经济，而且完成了对农业、手工业和私营工商业的社会主义改造。同时，开展社会主义经济建设，工农业生产迅速发展，市场繁荣，人民生活得到显著提高，社会主义制度显示了巨大的优越性。

（二）"二五"计划时期（1958—1962）

由于指导思想上急于求成、脱离县情，地方经济比例严重失调，1959—1961 年地方经济运行严重困难。五年中，饶平工农业总产值有三年负增长，其中 1961 年比 1957 年下降 14%。

工业方面，"大跃进"时期在全县建立起一批工业企业，但由于脱离县情，忽视经济规律，盲目上马，片面追求速度、产量、产值，质量、效益很差。1961—1962 年，县内 20 个全民和集体工业企业由于资源、质量、效益、技术等原因而关、停、并、转。大多数社队工业企业也纷纷关闭停产。经济上受严重损失，又消耗了大量人力、物力、财力。仅有制盐业生产稳定增长。

农业方面，粮食产量连年下降，1961 年比 1957 年下降 20%，1962 年才开始有所回升。1962 年全县农业总产值 7918 万元，比 1957 年下降 9.3%。加上 1959—1961 年粮食高征购，造成市场农副产品紧缺，价格上涨，城乡人民物质生活极为困难。但在这一时期，全县人民立足艰苦奋斗，自力更生，群策群力，完成青山埭、叠石埭等大型农垦工程，建成了正常库容量 2.86 亿立方米的汤溪水库，修筑了黄冈河下游两岸 28.5 千米长大堤及配套工程，建成东溪水闸、大澳航道和黄冈南门大桥。这些工程为全县经济的发展奠定了良好的物质基础。

（三）三年经济恢复时期（1963—1965）

这一时期贯彻执行了中央"调整、巩固、充实、提高"的方针，饶平地方经济得到恢复和发展，重新走上协调发展的轨道。1963 年全县粮食亩产超千斤。至 1965 年，全县工农业总产值 13462 万元，比 1962 年增长 24.5%。其中农业总产值 9686 万元，比 1962 年增长 22.33%；工业总产值 3776 万元，比 1962 年增长 30.43%；社会商品零售额 5097 万元，比 1962 年增长 5.2%。这一时期由于粮食连年增产，农副产品丰富，市场繁荣，物价下降至 1957 年水平，人民生活得到改善。科学教育文化工作得到了明显的进步。

（四）"文化大革命"时期（1966—1976）

这个时期由于"左"倾错误，政治动荡，人心不安，正常的社会秩序、工作秩序、生活秩序遭受破坏，国民经济受到严重影响。1968 年工农业总产值比上年下降 13.5%，其中工业产值下降

14.7%，农业产值下降 12.9%，粮食产量下降 9.1%，社会商品零售额下降 16.4%。在此期间，饶平人民克服困难，开展"农业学大寨"、移山填海造田运动，建设"澄饶联围"及其配套工程、汤溪水库水利枢纽等大型水利工程；在落实国家"三线"建设上，上马建设罐头厂、氮肥厂等工业企业。能源、交通、邮电等部门的工作也有所进展。至 1976 年，全县工农业总产值 21931 万元，比 1965 年增长 62.9%。其中工业总产值 9108 万元，比 1965 年增长 1.41 倍；农业总产值 12823 万元，比 1965 年增长 32.4%；社会商品零售额 9172 万元，比 1965 年增长 79.9%。

（五）中共十一届三中全会以前（1976—1978）

粉碎"四人帮"以后，党和政府全面纠正过去的"左"倾错误，坚持实事求是的群众路线，把工作重点转移到以经济建设为中心的社会主义现代化建设上来。经济、社会、文化事业进入较快发展阶段。至 1978 年，全县工农业总产值 24673 万元，其中农业总产值 16603 万元、工业总产值 8070 万元，粮食总产量 226890 吨；财政收入 1944.5 万元，财政支出 1083.1 万元；社会商品零售额 10222 万元，城乡居民储蓄存款余额 360 万元。

二、综合治水促生产

饶平县地表水系，以纵贯县域南北的黄冈河为主，岂地溪流多数汇注入黄冈河，至黄冈镇流入大海。流域面积占饶平县陆域面积的 74%，是全县人民生活、生产淡水资源的主要来源。黄冈河属小水系，全长 87.2 千米，南北纵贯饶平县域，河系集雨面积仅 1317.5 平方千米，并且超过 95% 的面积在饶平县境。因此，黄冈河与饶平人民的生产生活密切相关，对黄冈河流域的整治和水利设施建设直接影响着全县农业生产和人民生活水平。中华人民共和国建立后，饶平掀起轰轰烈烈的综合治水运动，在黄冈河主流及支流建成大型汤溪水库、坪溪水库、大潭水库、东溪水闸等一批蓄水灌溉工程；在黄冈河下游进行五年河道整治，塞支强干，引水归槽，把河口分六流出海改为东溪独流出海，并将东溪河床宽度从 100 米拓宽到 230 米；按十年一遇标准从高堂军寨渡头至出海口两岸修筑两条防洪堤，在霞绕水关头兴建拦河东溪水闸和配套沿堤 14 座小型灌溉闸，结合交通运输开挖大澳航道和建设南门跨河石拱桥，使河道发挥防洪、蓄水、防潮、拒咸和方便水陆交通的功能。一系列水利工程建设，彻底改变了饶平县水利基础设施落后的面貌，促进饶平农业生产发展，并进一步活跃城乡经济。

（一）蓄水工程建设

1958 年至 1966 年是饶平县山塘水库工程建设大发展阶段，动工兴建的有大型汤溪水库，中型大潭水库，小（一）型红岩水库、双门宫水库、跃进水库、赤竹棚水库、马鞍山水库、马山湖水库、南坑水库、胶东坑水库、大坑水库、水吼水库、湖底水库，小（二）型田峰山水库、虎地路坎水库、后溪水库、石佛水库等一批骨干蓄水工程面上山塘水库工程，新增加库容达 3.4 亿多立方米。1969—1979 年，兴建以发电结合灌溉需要的水库工程，先后动工兴建中型胜利水库、坪溪水库，小（一）型柏峻水库、新跃进水库和江西塘水库。一系列蓄水工程建成投入使用，调洪蓄水在防洪、防旱等方面发挥了积极的作用。

汤溪水库是黄冈河流域最大的蓄水工程，位于黄冈河中游的汤溪镇境内，距县城黄冈镇 38 千米。因坝址建于原汤溪温泉附近而得名。1958 年 4 月，县水电局根据县委指示，组织力量对汤溪水库工程进行勘测。后经省水电厅实地调查，工程被列入省水利建设重点项目。工程于 1958 年 9 月开建，1959 年 12 月基本完成。副县长文锡蓁任饶平县汤溪水库工程指挥部总指挥，汕头专署水利处工程师李希圣和技术员陈炳荣主持工程设计。工程建设过程中，县委第一书记曲殿魁亲自部署、检查、督促，工程按50年一遇洪水的标准设计，200年一遇洪水校核。水库控制黄冈河上游集雨面积667平方千米，最大库容量3.78亿立方米，正常库容量2.86亿立方米，其中有效库容为2.75亿立方米，是汕头市（当时饶平属汕头管辖）最大规模的一宗蓄水工程。

（二）灌溉渠道工程建设

1958年开始，全县水库工程建设进入大发展时期，相应配套灌溉渠道工程建设也迅速兴起。1958年，在黄冈河出海口兴建拦河大型东溪水闸和沿岸14座灌溉涵闸工程。1963年冬至1965年春，在东溪水闸东侧兴建四霞双孔闸，并分别开挖至东风埭和至东界北山下长6.1千米的引渠，引水灌溉东风埭和东界公社大片农田。1964—1965年，在黄冈河中下游河段交接处兴建拦河大型高堂水闸，并先后开挖至钱东15千米和至联饶冠陇5千米的东西两条灌渠，灌溉沿线大片农田。1965年冬至1968年冬，动工配套高堂水轮泵站和开挖8.8千米的灌渠，灌溉农田200多公顷。同时，浮山公社组织群众开挖从汤溪水库至军埔、麻湖（长26千米）的引汤（汤溪水库）灌渠，灌溉农田530多公顷。1972年10月至1977年10月，海山、汫洲、凤洲三个公社联合，动工开挖一条从大澳船室至澄饶联围的灌溉干渠和从小红山沿三百门海堤过海至海山的引水渠，灌溉面积约700公顷。

东溪水闸位于黄冈河原东溪出海口，系引黄冈河水灌溉农田的引水工程，起着拦潮、拒咸、排洪、蓄淡的综合作用。工程于1958年2月动工，3月竣工。共投放劳力9.7万工日，完成沙土方5.3万立方米、石方0.42万立方米、混凝土135立方米。水闸基础高程0.7米，闸底高程1.5米，全闸拦河宽227米。中间设46个闸墩，墩高3米，墩距宽4米，闸墩顶架设宽2米的人行桥。

1961 年 12 月底，县水电局以最大排洪流量 1800 立方米/秒的标准，重新设计东溪水闸工程，由黄冈、凤洲等公社组织劳力动工改建。1962 年 10 月完成改建后，水闸拦潮、拒咸、排洪、蓄淡功能进一步提升。

（三）黄冈河下游干堤修筑

黄冈河下游干堤位于主河道下游，从高堂水闸至石龟头出海口，两岸共长 38.12 千米（左堤 19.49 千米，右堤 18.63 千米），总共保护耕地 7200 公顷、人口几十万。1958 年 1 月，饶平县委、县政府对黄冈河下游河道进行综合整治。两岸按十年一遇防洪标准修筑干堤，从高堂军寨渡头至东溪水闸下，新建干堤长 24.5 千米，堤高 5.8 至 6 米，面宽 5 至 7 米。其中在关锁桥（黄冈大桥）下至东溪水闸的护城堤段长 9152 米，堤外砌 6 米高的石篱护坡。工程于 1960 年 4 月完成，投放劳力 216.07 万工日，搬动沙土方 205.14 万立方米、石方 5.42 万立方米，其中浆砌石 4510 立方米、混凝土 580 立方米。在修筑黄冈河下游干堤的同时，凤洲公社还集中力量加固连接防洪堤出海口的大葛埭、南惠埭两段防潮堤，新筑叠石埭东堤，使黄冈河出海口向海域延伸。

1963 年冬至 1964 年春，黄冈河下游右岸的军寨渡头堤段重新裁弯取直，向上修筑至樟溪出水口干堤。同时，加固左岸从后葛至赤岭老河堤。1964 年 3 月至 1965 年 1 月，黄冈河出海口左侧东凤埭围垦工程建成，其西堤上接黄冈河堤至石龟头。1968 年 12 月，联晓公社在开挖高堂水闸东灌渠的同时，修筑高堂水闸至赤岭堤段。至此，黄冈河下游两岸干堤全线形成。

在修筑黄冈河下游两岸干堤的同时，饶平修筑了黄冈河上游、九村溪、食饭溪、浮滨溪、新圩溪、联饶溪等支堤，有效地保护了下游大量耕地和人民生命财产安全。

三、滩涂围垦增效益

饶平先民有围海造田的传统。宋代，滨海人民就在海滩上围垦盐场。至民国末年，全县有大小埭围 107 处，埭田（即沙田）面积约 2170 公顷，相当于全县水田面积的 10%。

新中国成立后，中共饶平县委和饶平县人民政府充分利用饶平县依山面海、海滩涂面积广、沿海地区人多地少、向来有围海造田的传统这一优势，积极争取资金支持，带领饶平沿海人民，依靠集体力量，把海滩涂围垦改造为水稻良田和水产养殖基地，向海滩涂要经济效益，使沿海地区的经济状况大为改观。

在国民经济恢复时期，全县人民在中共饶平县委的领导下，着力于维修加固原有海堤、改造旧埭田的同时，进行新的围垦工程建设。1953 年 5 月至 1954 年 4 月，第九区（现属黄冈镇）大澳村围垦面积 49 公顷的五善埭，成为新中国成立后饶平县第一宗围垦工程。

此后，随着农业合作化高潮的到来，为解决沿海地区人多地少的矛盾，饶平县委、县政府根据饶平县海滩涂广阔的特点，提出"向自然要土地，向土地要粮食"的号召，组织五次大规模围垦造田工程。其中，面积 700 公顷以上的有青山埭、叠石埭、东风埭、澄饶联围等四宗。

青山埭位于黄冈河西溪出海口，因修筑拦潮海堤横截青山港湾而得名，围垦总面积 927 公顷，是饶平县历史上第一宗万亩围垦工程。工程于 1957 年 9 月破土动工，次年 5 月竣工。青山埭围垦后，经济效益显著。到 1962 年已垦殖种水稻 880 公顷，收稻谷 4200 吨，养鱼塘 20 公顷，种植莲藕 8 公顷，年产值 182 万元。

青山埭围垦工程竣工后，凤江公社开始围垦叠石埭。叠石埭位于黄冈河东溪出海口西侧、碧洲岛北面，因海滩中有两块巨石相叠而得名。主体工程于 1958 年 9 月完成，围垦总面积 733 公顷。至 1964 年，两造共种水稻 573 公顷，总产稻谷 2225 吨，渔产 41.2 吨。工程的建成将碧洲岛与大陆连成一片，促进了碧洲岛的经济和社会发展。

在青山埭、叠石埭围垦成功经验的基础上，1961 年，中共饶平县委提出围垦东风埭方案。东风埭位于黄冈河下游主流东溪出海口东侧，界于东界、凤洲两区之间的石龟头海。工程由凤洲、东界、黄冈三个公社联合围垦，海山、汫洲、钱东、水运四个公社支援配合。1964 年 2 月成立东风埭围垦工程指挥部，由县委常委杨翼任总指挥。同年 3 月工程正式动工。施工高潮时，日出动民工 5000 多人、木船 300 多艘。至 1965 年 4 月，工程基本建成，围垦面积 1533 公顷，可耕面积 1000 公顷，可养殖面积 573 公顷。1965 年造田 467 公顷，种水稻 333 公顷、甘蔗 7 公顷。工程建设期间，中央新闻电影制片厂前来现场拍摄新闻纪录片《与海争田》。

澄饶联围为澄海、饶平两县联合围垦工程，地处三百门海湾至高沙湾韩江支流东里溪口及黄冈河西溪口。澄饶联围工程流域面积 28500 公顷，围垦面积 4800 公顷，属饶平县面积 3433 公顷，其中可耕地 1700 公顷，是一项集围垦造田、防潮、排涝、灌溉和发展水陆交通于一身的综合开发工程。1966 年 3 月，农垦部部长王震到饶平海山视察澄饶联围海域。3 月 21 日，饶平、澄海两县计委和汕头专区及两县水电局组成工作组，形成澄饶联围的相关报告书。4 月 28 日成立围垦工程筹备处。5 至 7 月完成勘测工作，并提出围垦方案比较报告书。随后，因"文化大革命"冲击，澄饶联围筹建工作暂停。直至 1969 年 5 月，饶平县革命委员会向广东省、汕头专区革委会提交澄饶联围工程报告。1970 年 2 月成立工程领导小组，县革委会副主任李昕任澄饶联围饶平县指挥部总指挥。23 日召开誓师大会，正式动工。施工高潮时，每天出动 10000 多人和 1000 多只木船。1971 年 8 月 1 日主体工程基本建成。

1953—1976 年，全县围垦工程 7 宗，累计围垦面积 7680 公顷，投入工程费 2996.1 万元。其中国家投资 672.74 万元，投放 2873.59 万个劳动工日，完成沙土 1296.4 万立方米、石头 200.99 万立方米、混凝土 5022 立方米（以上数字不含维修加固），新筑围垦海堤 23.51 千米。经历年加高加固，围垦海堤达到抗御 9 至 10 级台风加暴潮的能力，成为饶平县沿海防台风、防海潮的外围海防堤。经过多年的开发，至 1978 年，共造出水田 3400 公顷，占全县水稻田面积的 16.1%，成为饶平沿海地区的重要粮食生产基地。

一系列围垦工程的建成，改变了饶平沿海地区的自然面貌和生产结构，促进了当地的资源开发和经济发展。特别是澄饶联围的建成，除垦殖放养、巩固堤防，明显改善海山、汛洲两镇的农田灌溉和居民用水外，还连接海山岛与大陆，彻底改变海岛与陆地隔断的状况，促进了海岛经济的发展。

第二节 **改革开放谱新篇**

　　改革开放以来，饶平人民在中国共产党的正确领导下，团结奋斗，开拓进取，大念"山海经"，大攻"山海关"，立足农业、工业、第三产业的攻坚克难，以改革推动对外开放，又以对外开放促进改革，使饶平的经济和社会发生了巨大变化。2005年饶平地区生产总值72.13亿元（当年价，下同），比1978年的1.53亿元增长46.14倍，年均递增15.34%。工农业总产值129.78亿元，比1978年的2.62亿元增长48.53倍，年均递增15.55%。其中农业总产值39.26亿元，比1978年的1.84亿元增长20.34倍，年均递增12%；工业总产值90.52亿元，比1978年的0.78亿元增长115.04倍，年均递增19.25%；社会消费品零售额26.78亿元，比1978年的1.04亿元增长24.75倍，年均递增12.78%。1979—2005年，固定资产投资共110.79亿元，比改革开放前三十年的0.74亿元增长148.72倍，年均递增20.38%。外贸出口、财税金融、交通运输、邮电通信、文化教育等行业也都取得较大发展。2005年农民人均纯收入3608元，比1978年的76.7元增长46.04倍，年均递增15.33%；在岗职工人均工资8868元，比1978年的515元增长16.22倍，年均递增11.12%。城乡居民储蓄存款余额45.49亿元，比1978年的360万元增长1262.61倍。城镇居民人均住房18.9平方米，比1979年增加11.47平方米。农村居民人均住房面积18平方米，比1981年增加7.6平方米。

2006 年以后，饶平县委、县政府按照省委、省政府提出的"三年打基础、五年大变化、十年大发展"的总体要求，实施"工业立县、农业稳县、港口兴县、创新发展、和谐文明"战略，大力发展港口经济、园区经济、特色经济、县城经济、旅游经济，加快工业化、城镇化和农业产业化进程，取得了巨大成绩。至 2011 年底，全县地区生产总值 158.07 亿元，税收总收入 13.57 亿元，固定资产投资总额 33.04 亿元。全县出现了一片欣欣向荣的发展局面。

一、合理布局，发展特色产业

在改革开放头三十年中，饶平人民以巨大的勇气，克服艰难困苦，立足当地资源优势，发展特色产业，打造了粗具规模的经济产业区。

（一）北部陶瓷产业区

饶平陶瓷业已有 700 余年的历史，是广东四大瓷区之一，也是中国南方最大的日用陶瓷生产出口基地。至 2005 年，全县陶瓷企业 161 个，产值 12 亿元，占全县工业产值 13.26%。其中，规模以上陶瓷企业 54 个，饶北占 45 个，产值占全县 80% 以上。2000 年三饶镇成为广东省日用陶瓷加工、出口最大的专业镇。2002 年，三饶、新丰两镇于省道柏丰线两侧各开辟占地 67 公顷的陶瓷长廊，为北部山区的陶瓷业发展奠定了基础。2005 年，全县出口陶瓷 4897 批次，价值 1.11 亿美元。2005 年 12 月，饶平获中国轻工业联合会授予"中国日用陶瓷出口之乡"荣誉称号。

（二）中部茶果产业区

饶平中部是茶果主产地，1996 年坪溪镇成为潮州唯一的茶叶生产专业镇。20 世纪 90 年代，饶平于省道主干线两侧建设百里果林带，新圩、汤溪、樟溪等镇主产青梅、橄榄，联饶、浮山、浮滨等镇主产荔枝、龙眼。2005 年饶平中部地区茶叶种植面积1860 公顷，占全县种植茶叶面积的 64.73%，总产 2930 吨，占全县总产量的 67.47%。青果种植面积 7613 公顷，占全县水果种植面积的 75.08%，总产 3.94 万吨，占全县水果总产的 56.85%。

（三）南部海水养殖渔业区

饶平海域面积 533 平方千米，海岸线长 136 千米，内海浅滩涂面积 4.26 万公顷，可利用面积 4600 公顷。改革开放以来，沿海各镇发挥滨海优势，在"海"字上做文章，把海水养殖作为龙头产业。经二十余年的发展创新，形成对虾、网箱养鱼、滩涂贝类、鲍鱼等四大类养殖业。2005 年全县水产养殖面积 8087 公顷，其中海水养殖面积 4473 公顷，产量 8.65 万吨，海洋捕捞 3.9 万吨，总产量 12.55 万吨，总产值 11.87 亿元，占全县渔业产值的93%。对虾养殖面积 1107 公顷，网箱养鱼 4.39 万个。沿海渔业产值占全县农业产值的 30%。

（四）外商投资区

1978 年黄冈镇引进饶平第一个"三来一补"（来料加工、来件装配、来样生产、补偿贸易）企业。1992 年省政府批准在黄冈城东设立台商投资区后，饶平成为港澳台商和外商投资热土。2005 年全县"三资"企业 55 家，其中钱东镇"三资"企业 20家，外贸出口值 1690 万美元，黄冈镇"三资"企业 22 家，外贸出口值 10414 万美元，两镇合计出口额 12104 万美元，占全县外贸出口额的 60.31%。2002 年，钱东、黄冈两镇于汕汾高速公路出口开辟县级工业园区。钱东工业园区首期占地 113 公顷，黄冈（含联饶）工业园区首期占地 1700 亩。园区制定了一系列外商投资优惠政策和一条龙服务措施，为两地外资企业的发展开辟了空间。

（五）临港经济区

饶平海域广阔，港湾具有水深、避风条件好、不易淤积等优良条件。潮州港是华南地区的深水良港，2003 年 12 月成为国家对外开放一类口岸，港区面积扩大至 230 平方千米。2000 年 3 月，华丰造气厂有限公司于此落户创业，已建成库容 12.4 万立方米一级冷气库 1 座，3000 立方米二级冷气库 1 座，库容 6000 立方米的化工储罐 1 个；成品油储罐 5 个，库容 2.6 万立方米，三级气库 16 座以及系列配套设施。兴建 50000 吨、5000 吨、2000 吨级码头各 1 座。2005 年销售额达 26.73 亿元，产品销往闽、粤、赣、琼、浙等省。2005 年经国家有关部门批准，华丰二期工程——华丰石化工业基地着手兴建，主产石油、化工产品，计划投资 93.18 亿元，该项目的实施对饶平经济发展将起重要作用。2003 年 11 月，总投资 230 亿元的大唐三百门电厂在柘林镇兴建。电厂总装机容量 720 万千瓦。经过十多年的建设，饶平临港经济区已粗具规模。2007 年港区有 5 万吨级专用码头 2 个，1.6 万吨过驳锚地 2 个，5000 吨级码头 4 个，3000 吨级码头 3 个，2000 吨、1000 吨、500 吨级码头各 1 座。

二、科学谋划，促进全面发展

2005 年以后，饶平县委、县政府以加快转变经济发展方式为重点，依靠大项目强县，发展民营经济富民，大力实施"二业立县、农业稳县、港口兴县、商贸活县、科教强县、依法治县"发展战略，解放思想，抢抓机遇，开拓创新，破解难题，挂进科学发展，各项工作取得了新的成绩，全县经济快速增长，民生有效改善，社会事业协调发展，社会大局和谐稳定，党的建设进一步加强。人民群众对县委工作的满意度逐年提高。

（一）县域经济综合实力显著增强

2010 年，全县生产总值 133.49 亿元，比 2005 年的 71.13 亿元增长 85.1%；人均地区生产总值 14992 元，比 2005 年的 7871 元增长 90.5%，年均增长 13.76%。"十一五"期间，全社会固定资产投资累计完成 145.4 亿元，是"十五"时期的 1.4 倍；规模以上工业总产值 155.17 亿元，比 2005 年的 57.15 亿元增长 171.5%，年均增长 22.11%；外贸出口总额 4.29 亿美元，比 2005 年的 2.01 亿美元增长 113.4%，年均增长 16.37%；本级财政一般预算收入 2.96 亿元，比 2005 年的 0.98 亿元增长 202%，年均增长 24.74%。2010 年以后，特色产业发展水平不断提升，陶瓷、水族机电、毛织服装、食品加工等优势产业不断发展壮大，玻璃陶瓷等新兴产业快速发展，先后获得了"广东省火炬计划水族器材特色产业基地""广东省水族机电产业集群升级示范区"等区域性品牌，玻璃陶瓷产业化等五个项目列入广东省现代产业 500 强。粮食、水果、茶叶、禽畜、水产养殖等传统产业提质增效，深水网箱、铁皮石斛等现代示范农业蓬勃发展。港口建设取得重大突破，亚太码头、风能发电场等一批大项目在港区落户，港口经济成为全县新的经济增长极。乡贤回归创业硕果累累，先后引进乡贤回归投资项目 32 项，其中建成投产 28 项，累计投入资金 10 多亿元。第三产业日趋活跃，城乡文化、山村旅游、现代物流、住宅小区、金融信息和传统服务业竞相发展，消费拉动经济的作用不断增强。产业结构更趋合理，三大产业结构的比重从 2005 年的 29.1：34.7：36.2 调整为 2010 年的 18.1：43.9：38.0。

（二）民生得到有效改善

饶平县委县政府始终把改善民生放在突出位置，认真落实一系列惠民政策，努力解决事关群众切身利益的民生问题，让全县人民共享改革发展成果。坚持把新增财力向民生领域和公共社会事业倾斜，民生支出占财政总支出的比重逐年增加。抓住中央、省加大基础设施建设投资力度的契机，积极争取上级资金支持，累计投入80多亿元，加快交通、能源、水利、环保等基础设施建设，有效改善了区域发展条件。正确处理好环境保护与发展的关系，重点推进黄冈河流域综合整治和城乡环境整治，成功创建"国家绿色能源示范县"和省"林业生态县"，建设宜居城乡。全面扩大低保、社保覆盖面，推行农村新型养老保险制度，开展扶贫济困活动，覆盖城乡的社会保障体系进一步健全。积极实施稳健就业政策，加强劳动技能培训和就业服务，促进城乡劳动力充分就业。切实抓好扶贫开发"双到"工作，2010年全县6494户贫困户已有3138户实现脱贫，占48.3%。贫困村生产生活环境明显改善，村集体经济收入明显增加，贫困群众生活水平明显提高，全社会扶贫大格局初步形成。加快农村低收入住房困难户住房改造建设步伐，至2011年8月，全县共落实资金2827.5万元，完成改造552户，在建467户。社会事业全面进步。坚持教育优先发展战略，积极推进义务教育均衡发展，有效整合资源，合理调整布局。加强教育基础设施建设，改善办学环境；加快普及高中阶段教育，高中普及率由2006年的51%提高到2011年的85%。乡镇基层卫生院建设步伐加快，医疗卫生条件不断改善，新型农村合作医疗实现全覆盖。强化人口和计生管理，计生工作从省三类地区晋升为省一类地区和省优质服务县。

（三）社会大局和谐稳定

强化维护社会稳定第一责任，完善社会治安综合治理和矛盾纠纷排查调处机制，扎实推进"平安饶平"建设。以创新社会管理为抓手，深入开展社会治安重点地区和突出问题专项整治行动，保持严打高压态势，严厉打击团伙犯罪、绑架勒索、黑恶势力、"两抢一盗"、销窝赃机动车辆和"黄赌毒"等违法犯罪活动，完善社会治安防控体系，全县社会治安形势持续好转，公众安全感和群众满意度明显提高。2008年初摘掉"全省社会治安重点整治地区"帽子。抓好信访工作责任制落实，以县、镇、村（居）三级综治信访维稳中心为平台，积极开展领导干部大接访、下访等活动，拓宽民意表达渠道，积极排查调处社会矛盾纠纷，有效解决一批影响社会稳定的信访突出问题和积案，为全县发展营造了良好的社会环境。打假、打私工作力度不断加大，有效维护正常的市场经济秩序。强化各项安全防范措施，全县没有发生重特大生产、交通和食品药品等安全事故。

龙腾虎跃奔小康

中共十八大、十九大以来，饶平人民在以习近平同志为核心的党中央领导下，认真贯彻落实习近平新时代中国特色社会主义思想，按照经济建设、政治建设、文化建设、社会建设、生态文明建设五位一体的总体布局，协调推进全面建成小康社会、全面深化改革、全面依法治国、全面从严治党战略布局，紧紧围绕建设"粤东大门、苏区大港、美丽乡村、幸福家园"这一总目标，着力推进稳增长、调结构、促改革、惠民生，全县经济社会发展迈上新台阶。截至 2017 年，全县实现生产总值 263.2 亿元，比2012 年增长 56.81%，年均增长 9.4%；县财政总收入 57.71 亿元。其中地方公共财政预算收入 7.68 亿元，比 2012 年增长89.63%；税收总收入 15.74 亿元。社会消费品零售总额 116.28亿元，比 2012 年增长 71.85%，年均增长 11.44%。全县三大产业比重18.2∶42.2∶39.6。2013 年以来，全社会固定资产投资总额338.2 亿元。全县经济保持较快发展的势头，改革创新有序推进，基础设施逐步完善，发展环境不断优化，社会事业提速发展，人民生活水平日益提高，经济建设、政治建设、文化建设、社会建设、生态文明建设得到全面发展。

一、经济建设跃上新台阶

2013—2017 年，饶平人民以加快振兴发展为首要任务，坚持稳中求进，不断开拓创新，攻坚克难，促进经济持续发展，县域综合经济实力显著提升。

（一）发展基础不断夯实

2013—2017 年，饶平确立了改善环境、夯实基础、蓄势迎接新一轮发展热潮的工作思路，以实施交通、水利、园区建设"三大会战"为抓手，积极克服困难，加大投资力度，集中力量破解制约发展的"瓶颈"，补齐基础设施建设滞后的短板。全县累计完成社会固定资产投资 233.77 亿元，建设了一批关系全局和长远发展的重点基础设施项目。

一是综合交通网络建设加快，扩网提速。启动实施交通及市政道路项目 37 个，饶平大道二期、火车站进站公路、环城北路、迎宾大道、省道 S222 线浮山至黄冈、南门桥至三百门大桥、省道 S334 线上饶镇区改道等建成通车，火车站疏站北路开工建设，县道 X84 线汕汾高速钱东入口处至樟溪段改建工程加快推进。2013年，厦深铁路开通运营，2017 年 4 月，饶平站实现直达广州、始发运营，12 月宁莞高速公路饶平段建成通车。大潮高速前期工作扎实推进。饶平已逐步形成了以高速公路、国道、省道为主骨架，以县道、乡村道为联络线路的现代交通网络。

二是水利加固达标。十八大以来，饶平加大水利设施建设，推进供水工程、灌区改造、涝区整治、中小河流治理、小型农田水利基本建设，抓好堤围达标加固和大中型水闸、水库除险加固工作。共加固江海堤围 39.87 千米、水库山塘 39 宗，整治排灌渠系 315.1 千米，改造中小型灌区 8 宗，改善灌溉面积 1240 公顷，完成小型农田重点县、黄冈河上游和浮滨中小河流治理工程等项目建设。海堤加固达标工程一期主体工程建设完工，海堤加固达标工程二期、黄冈河中游治理工程、村村通自来水工程加快建设。

三是园区扩能增效。《闽粤经济合作区（饶平县）产业发展规划》通过评审；园区建设步伐进一步加快，樟溪低碳工业区"六通一平"基础配套设施建设基本完成；饶北工业区、联饶工业区、钱东中潮食品工业区、特色产品商贸物流区征地工作有序推进，产业集聚发展和招商引资平台逐步形成。龙浩集团、益海嘉里集团、五洲国际集团、北大青鸟、联泰集团、龙光集团、国美、国瑞和暨南大学等大型企业和知名高校莅饶考察，一批项目成功签约并落户饶平。

（二）港口经济提速发展

2013—2017 年，饶平实施港口兴县战略，以"百团大战"为抓手，全力推动重点项目建设，夯实发展基础。在潮州港亚太通用码头一期、进港公路建成运营，欧华能源二甲醚、华能风电场等产业项目建成投产之后，港口经济活力持续迸发。三百门进口肉类指定口岸通过国家质检总局验收，临港产业转移园征地工作及临港污水处理厂、口岸综合服务中心、文胜围南片一期土地平整等基础建设扎实推进。小红山码头续建及三百门港区综合开发，潮州港扩建货运码头完成 5000 吨级多用途泊位主体工程建设，广东海润冷链物流中心项目一期冻库建设完工，海山岛风电场 1 号、2 号机组成功并网发电，大唐电厂机组完成低碳排放改造，闽粤经济合作区 LNG（液化天然气）储配站项目开工建设，临港产业园污水处理厂建设加快推进，装配式建筑产业基地、华瀛润裕粤东天然气配送、益海嘉里粮油基地等一批项目扎实推进。港口经济呈现加速发展良好势头。

（三）产业转型升级步伐加快

2013 年以来，饶平的食品加工、水族机电、陶瓷、纺织服装等支柱产业逐步发展壮大。"中国日用陶瓷出口之乡"顺利通过复评，钱东镇被中国食品工业协会授予"中国盐焗鸡之乡"称号。2016 年 3 月，广东三元玉瓷文化发展股份有限公司在全国中小企业股份转让系统挂牌，成为饶平县第一家在新三板成功挂牌的企业。创新驱动战略深入实施，扶持中小微企业政策有效落实，产业发展服务力度加大，实体经济不断壮大。全县建成质检中心1个、省级以上企业技术中心6家、工程技术研发中心8家、专业镇9个，主导或参与标准制修订7项，新增高新技术企业3家，新增中国驰名商标2件、省著名商标12件、省名牌产品12件。

（四）农业农村经济不断壮大

2013—2017年，强农惠农政策进一步落实，"三农"投入不断加大，农田基础设施建设明显改善，农业机械化示范县、高标准基本农田等建设扎实推进，社会主义新农村建设取得新成效，农村生产生活环境不断优化。农业转型升级步伐加快，粮食、水果、茶叶、禽畜、水产养殖等传统产业提质增效，铁皮石斛等现代示范农业蓬勃发展，农业龙头企业和流通组织示范带动作用持续增强，粮食种植面积、水产品养殖面积进一步扩大。先后获评"全国渔业百强县""广东省水产品生产先进县"。

（五）第三产业快速发展

一是文化旅游经济发展步伐加快。2016年起，实施《饶平县旅游发展总体规划（2016—2030年)》，进一步整合自然环境和文化资源，促进文化与旅游业有机融合，提升滨海旅游、生态旅游、红色旅游和文化旅游发展水平。打造钱东潮商文化、望海岭科技城和海山镇红头船国际康养度假村等特色小镇，推动绿岛康养谷、海山野水度假村建设，规划建设汛洲、西澳文化旅游岛，探索发展民宿旅游、农庄旅游。绿岛旅游产业园服务集聚区建设顺利推进，青岚地质公园揭碑开园，茂芝会议纪念馆、三饶道韵楼、蓝屋畲族特色村寨等景区景点保护开发和配套建设协调推进。2012年，新丰镇成为粤东地区首个获评"全国特色景观旅游名镇"的乡镇。2015年，钱东镇被评为"广东省旅游名镇"。旅游基础设

施配套不断完善，旅游消费活力增强。2019 年全县接待游客
503.3 万人次，实现旅游收入 5.67 亿元，分别比 2015 年增长
221% 和 250%。

二是城乡文化、山村旅游、现代物流、住宅小区、金融信息
和传统服务业竞相发展，消费拉动经济的作用不断增强。农村电
商加快发展，建立农村淘宝村级服务站 110 个，全县网购网销金
额超 1.5 亿元。2016 年获国家电子商务进农村综合示范县，第三
产业对经济发展的拉动作用不断加大。潮州中农批农产品批发市
场有限公司揭牌运营，联合举办首届大蚝美食节，进一步打响饶
平海产品知名度。闽粤盛发家居装饰材料城等项目建设有力推进，
商贸物流加快发展，全县实现社会消费品零售总额 105 亿元，增
长 12%。

另外，省级水产（族）养殖器材产品检测站建成.《水族机
电产业发展战略规划》全面实施，《陶瓷和玻璃陶瓷产业发展规
划》《盐焗鸡产业发展战略规划》通过专家组评审；组织骨干陶
瓷企业赴枫溪参观考察、举办政银企合作论坛、组织企业参加国
际国内展销活动、为企业招工引才搭建平台等引导、服务、扶持
企业发展的措施取得实效，陶瓷玻璃、水族机电、食品加工等特
色产业健康发展。招商引资取得新突破。2017 年新办投资项目 19
个，合同利用外资 4624 万美元，实际利用外资 2758 万美元，分
别增长 201.4% 和 792.6%。

二、党的建设全面加强

2013—2017 年，饶平县委、县政府立足全县事业发展全局，
按照中央和省委、市委的部署，坚持从严治党，全面推进党的建
设新的伟大工程。

（一）始终把党的政治建设摆在首位

牢固树立政治意识、大局意识、核心意识、看齐意识，切实增强道路自信、理论自信、制度自信、文化自信，坚决维护习近平总书记在党中央和全党的核心地位，坚决维护党中央权威和集中统一领导，自觉在思想上政治上行动上同以习近平同志为核心的党中央保持高度一致。自觉尊崇党章，严格遵守政治纪律和政治规矩，严格执行新形势下党内政治生活若干准则，完善和落实民主集中制各项制度，筑牢底线意识、红线意识，营造风清气正的良好政治生态。加强党性锤炼，依托"茂芝会议"红色教育资源和"红色村"党建示范工程，不断提高政治觉悟和政治能力，永葆共产党人政治本色。

（二）坚持抓基层、强队伍，全面加强党的建设

认真学习贯彻十八大和习近平总书记系列重要讲话精神，党的群众路线教育实践活动、"三严三实"（领导干部要严以修身、严以用权、严以律己、谋事要实、创业要实、做人要实）专题教育和"两学一做"（学党章党规，学系列讲话，做合格党员）学习教育成效明显。严格执行《党政领导干部选拔任用工作条例》，推进干部能上能下、能进能出，干部任用工作进一步规范化、制度化。加强教育、管理和常态的跟踪考察，努力建设有力有为的领导班子和干部队伍。以村级换届选举为契机，以"基层建设年"和"文明镇街、文明村居"为抓手，加强教育培训，大力整顿软弱涣散村级党组织，有效推动基层组织建设。

坚持把纪律和规矩挺在前面，全县党风廉政建设和反腐败工作不断取得新进展、新成效。狠抓主体责任落实，组织开展党风廉政建设责任制考核和述职述德述廉活动，落实责任追究，不断增强党员领导干部党风廉政建设意识。强化监督执纪问责，注重抓早抓小，对党员干部队伍中出现或存在的苗头性、倾向性问题，

及时谈话提醒、函询、诫勉谈话，做到敲响警钟。坚持纪在法前、纪严于法，严肃查处一批违纪违规案件；深入开展农村基层党员干部违纪违法线索排查工作，着力解决发生在群众身边的不正之风和腐败问题，有效推动农村基层治理。

（三）立足固本强基，扎实做好抓基层打基础工作

以提升组织力为重点，突出政治功能，提升服务水平，落实基本保障，把基层党组织建设成坚强的战斗堡垒。持续推进党支部规范化建设，狠抓"两新"组织扩面提质，用好党建活动阵地，推进基层党组织建设全面进步、全面过硬。创新党建活动载体，完善"1＋N"基层党建体系，培育基层组织带头人。推进基层党建与振兴发展、脱贫攻坚、维护稳定紧密结合，全面提升党建工作水平。研究制定加强党内激励关怀帮扶机制，确保广大党员干部扎根基层、服务基层。

（四）严格依法行政，持续优化工作作风，全面加强廉政建设

一是推进依法行政。全面实施"七五"普法，大力弘扬社会主义法治理念和法治精神。深入推进依法决策、依法办事，自觉接受人大及其常委会监督、政协民主监督、社会监督和舆论监督。推进政务公开，健全决策咨询机制，提高决策科学化水平。深化财税体制改革，实行全面规范、公开透明的预算管理制度。完善审计制度，保障依法独立行使审计监督权。严格规范公正文明执法，建立健全行政裁量权基准制度，完善重大行政处罚备案制。

二是持续改进作风。推进作风建设常态化，巩固"三严三实"专题教育成果，持之以恒纠正"四风"问题（形式主义、官僚主义、享乐主义和奢靡之风）。强化宗旨意识，密切联系群众，做到察实情、办实事、求实效，着力解决群众反映强烈的突出问题。健全基本公共服务体系，努力为人民群众提供更多更好的公共产品和服务，为各类市场主体创造公平竞争的市场环境。加强政府工作督查督办，强化常态化追踪，整治庸政懒政怠政，坚决防止政府部门不作为、慢作为、乱作为。

三是加强廉政建设。强化党风廉政建设主体责任，认真执行《中国共产党廉洁自律准则》和《中国共产党纪律处分条例》，推进党政机关党风廉政建设和反腐败工作。完善行政权力、防治腐败制约机制，强化重点部门和岗位廉政风险防控。严肃查处违法违纪行为，以"零容忍"的态度惩治腐败，努力建设风清气正、廉洁高效、人民满意的政府。

三、文化建设展现新气象

2013—2017 年，县委、县政府以社会主义核心价值观为引领，坚持弘扬优秀传统文化和发展现实文化相结合，公共文化服务与文化产业协调发展，奋力建设"文化强县"。

（一）践行社会主义核心价值观

致力于树新风、弘正气，法治饶平建设，发挥文化引领风尚、教育人民、服务社会、推动发展的作用，把文化建设与弘扬苏区精神、建设文明饶平有机结合起来，深入开展社会主义核心价值体系教育实践活动，把核心价值体系价值贯穿于国民教育全过程。挖掘和弘扬苏区文化、地方特色文化，端正价值取向，树立文明新风，传递社会正能量。努力丰富城乡群众文化生活，推进全县文化事业繁荣发展。

（二）逐步完善公共文化服务体系

加强公共文化设施和资源的整合，建成覆盖城乡的现代化服务体系，加快基础文化设施的覆盖，加强公共文化资源建设，打造文化精品，着力增加公共文化服务供给。做好历史文化遗产保护，将道韵楼、雷音寺、观海寺、瑞光台、大埕所城遗址等划为绝对保护区，分期分批做好保护规划和修复工作。加强对古城风貌管理，对全县历史文物进行普查，积极申报国家和省级文物保护单位。青岚地质公园申报国家地质公园通过评审。

（三）发展文化产业，推动文化和旅游融合发展

一是打造红色文化新品牌。2010年6月，饶平被确认为"中央苏区县"后，饶平县委、县政府充分利用"中央苏区县"品牌，大力挖掘红色旅游资源，着力打造苏区红色文化。以纪念1927年10月朱德率领八一南昌起义军在上饶茂芝召开军事决策会议这一重大历史事件为重点，2013年在"茂芝会议"旧址，建设茂芝会议纪念馆。2017年4月14日，潮州市委、饶平县委在北京举办"茂芝会议"90周年座谈会。2017年11月28日，饶平县委、县政府在饶平茂芝高规格举办"茂芝会议"90周年学术研讨会，朱德、陈毅、粟裕、周士第、叶挺等老一辈革命家的后代出席了会议。同时，打造70千米红色文化长廊，保护、利用好"茂芝会议"旧址、广东抗战第一仗指挥中心旧址、余登仁烈士故居、中共饶和埔诏第一区委旧址、长征干部李沛群纪念馆和西片古道等一批红色资源，打造原上饶苏区、浮凤苏区一批"红色村"，收集革命歌谣，做好"红色文章"，讲好"红色故事"，修编中共饶平地方史大事记，丰富了红色文化。2017年12月，上饶镇上善村、东山镇湖岭村、新圩镇长彬村被中共广东省委组织部定为"红色村"。

二是致力挖掘地方特色文化资源，大力弘扬地方特色文化，坚持传承创新和保护利用。打造布马舞、采青艺术、张竞生公园、海龙（当地人称之为"虫辟龙"）、道韵楼、青岚地质公园、文化名人张竞生、"时代楷模"麦贤得等一批优秀文化品牌，丰富文化内涵。

三是弘扬饶平人文精神，利用张竞生、詹安泰、王杏元等文化名人效应，扩大饶平在外知名度和影响力。加快推进最能代表城市印象、传承城市文脉的红色文化街区、历史建筑的保护利用，促进饶平红色文化资源优势加快转化为城市品牌形象。

（四）加快城乡文化事业发展

积极推进文化惠民工程，夯实文化基础设施。一是加强城区文化建设。加强县图书馆、县文化馆设备配置。以丁未路、中山路片区为中心，高起点打造具有地方文化内涵和历史脉络的文化商业街区。县城霞东文化体育公园、钱东沈厝公园等社区公园建成对公众开放，城乡休闲设施日趋完善。群众文化体育活动蓬勃开展，广场舞、书画诗文、大型健身徒步活动，丰富了广大人民群众的文体生活。2016 年首次举办广东省青少年举重锦标赛。2016 年起，每年举办一届旅游健身徒步节。第一届主题为"寻找古驿道、重走海丝路"，饶平出色完成钱塘村南粤古村落定向大赛承办任务，获省体育局颁发优秀组织奖。投入 1016 万元加强县图书馆、县文化馆及各镇文化站设备配置。民间文化蓬勃发展，2016 年饶平成为首批荣获"广东省戏剧之乡"称号的地区之一。成立饶平县政协饶风诗社，出版《饶风诗词集》等。

二是加强镇、村文化建设。抓好镇文化站、村文化室、"农家书屋"建设，完善县、镇、村三级体育设施配套，保障人民群众普遍享有基本公共文化服务。加快"三馆一站"建设，完善镇村二级文化设施。推动文化惠民工程提质升级，21 个镇文化站和394 个行政村电子阅览室全面建成，镇级健身公园和村级健身文化活动场地建设步伐加快。着力打造布马舞、采青艺术、道韵楼、张竞生公园等一批优秀文化品牌，推进一批文化产业项目建设，推动文化创意与其他产业融合发展，使文化产业成为饶平县新的经济增长点。

四、社会事业协调发展

（一）民生得到保障

2013—2017 年，饶平各级党政部门牢固树立以人为本、务实为民的执政理念，突出抓好每年确定的"十件民生实事"，切实加大财政保障力度，着力提升公共服务水平，让城乡居民共享改革发展成果，不断增强人民群众的获得感。中共十八大以来，全县投入民生领域资金 158.66 亿元，年均增长 29.36%，民生支出占财政总支出比重逐年增大，均占同期公共预算支出的 80% 以上。2019 年，全县民生领域投入 50.17 亿元，较上一年增加 3.29 亿元，占一般公共预算支出 81.78%。社会救助、社会保险、城乡就业等社会保障体系更加完善，各项补助标准逐年提高，城乡居民养老保险和医疗保险制度实现全覆盖。

（二）精准扶贫成效显著

2013—2015 年，第二轮扶贫开发"双到"工作累计筹集帮扶资金 1.64 亿元，落实帮扶到村项目 882 项，重点帮扶村面貌有效改善，群众和村集体收入明显提高。住房保障工作扎实推进，改造农村危房 9242 户，保障性住房建设 1311 套。新改建农村公路 371.5 千米，建设农村饮水安全工程 24 宗，惠及 11.54 万人。2016 年，第三轮扶贫工作启动，全县列入帮扶贫困户 9818 户 25838 人。为确保新一轮贫困村和贫困户按期脱贫，饶平县制定了"全县精准扶贫三年攻坚实施方案"，落实精准扶贫精准脱贫重要政策措施。至 2019 年，全县 9421 户、24508 人脱贫，"八有"（有稳固住房，有饮用水，有电用，有路通自然村，有义务教育保障，有医疗保障，有电视看，有收入来源或最低生活保障）达标，脱贫率 100%，35 个省定贫困村全部脱贫出列。筹集财政扶贫专项资金 3.55 亿元，使用率 100%。35 个省定贫困村新农村建设任务基本完成。

（三）教育事业发展步伐加快

2013—2017 年，饶平以创建"广东省教育强镇"和"全国义务教育基本均衡县"为目标，累计投入资金 7.006 亿元，完成基建项目 308 个，改建扩建运动场一批，新建教学实验室、电脑室一批，优化教育资源配置，完善现代教育体系。2015 年 7 月全县最后一批镇完成创建任务，21 个镇均被授予"广东省教育强镇"称号，同年 12 月饶平县被授予"广东省教育强县"称号。与此同时，饶平县出台《促进教育创新发展若干措施》，加快普及高中阶段教育，复办饶平二中初中部。暨南大学附属潮州实验学校、北师大闽粤苏区附属学校等项目有序开展。2015 年 12 月饶平顺利通过广东省"全国义务教育基本均衡县"督导评估。

（四）医疗卫生条件不断改善

医疗卫生基础设施建设不断完善。22 所基层卫生院完成规范化门诊建设，县人民医院、县第二人民医院和县妇幼保健院基本完成建设。县人民医院、华侨医院被广东省列为县级公立医院综合改革试点，基本公共卫生服务均等化水平进一步提高。

五、生态文明建设成效显著

中共十八大以来，饶平践行"绿水青山就是金山银山"的理念，坚持绿色发展，建设美丽生态饶平，着力解决环境污染突出问题，切实加强环境保护，大力促进绿色低碳发展，全面提升生态文明建设水平，城乡生态环境明显改善。

（一）加强环境卫生综合整治

2017 年以来，饶平坚持开展"六城同创""治六乱"① 工作，治建管相结合，全面改善城乡环境面貌。推动城乡环境大变样，实现城市品位大提升。落实治水、治污、治脏"三治"行动，完成"一镇一站、一村一点"农村生活垃圾处理设施。全县累计创建省级卫生村 93 个、市级卫生村 106 个，新丰镇在全市率先进入省卫生镇行列。强力推行"河长制"，实行"水岸同治"措施，突出加强黄冈河保护，大力整治畜禽养殖和牛蛙养殖污染。2017 年全县大小河流水质大部分达标，出现水清岸绿的景象。

（二）落实节能减排措施

食品加工业污染整治初见成效，城北污水处理厂二期及配套管网工程投入运营，三饶污水处理厂及配套管网工程建设加快，人工湿地污水处理系统建设、黄冈河禁养区畜禽养殖场关停整治、规模畜禽养殖场治理工作有力实施，黄冈河流域综合治理稳步推进，"母亲河"的生态环境质量明显提升。加快推进村镇生活污水处理设施 PPP（政府和社会资本合作）项目、县城宝斗石生活垃圾填埋场升级改造及综合处理资源化利用工程 PPP 项目、畜禽无害化处理中心、空气自动监测站升级改造和黄冈河国家地表水考核断面自动监测站等项目建设，全方位织牢生态环境保护网。

（三）生态保护成效显著

2013—2017 年，饶平深入开展绿化饶平大行动，造林 16673 公顷，建设生态景观林带 25 千米，建成森林公园 8 个、湿地公园

---

①　2017 年 6 月，潮州市全面启动"六城同创""治六乱"工作。"六城同创"是指创建全国文明城市、创建国家卫生城市、创建国家环境保护模范城市、创建国家全域旅游示范区、创建国家森林城市、创建全国"双拥模范城"。"六乱"指乱贴乱挂、乱排乱弃、乱摆乱卖、乱搭乱建、乱停乱放、乱冲乱撞等现象。

2 个，全县森林覆盖率达 67.77%。海域整治扎实推进。全面实施柘林湾海域生态修复项目，海洋生态环境得到有效保护，柘林湾被评为"中国休闲垂钓基地"。土地矿产资源管理工作不断强化。完成 7667 公顷高标准基本农田建设任务，打击"两违"专项行动深入开展，一批违法违规用地案件受到查处，盗采稀土矿、非法开采河沙等行为得到有效遏制。

（四）城乡环境明显优化

大力推进国家森林城市创建工作，扩大绿化面积，全县环境空气质量优良率达 100%。城市扩容提质步伐加快，县城中山路等一批市政道路铺开建设，建设路东段、二号街、中岭大道等市政道路相继建成通车，县城运动场和凤江桥至东溪水闸两岸文化长廊建设等市政配套项目竣工，全面提升沿河两岸景观。"三旧"改造工作扎实推进。出台《饶平县促进镇域房地产发展若干措施》，盘活闲置土地资源。启动智慧城市规划编制工作，全面提升城市规划、建设和管理水平。

附　录

附录一 革命遗址及纪念场馆①

（一）林氏试馆——中共饶平县支部（毛泽覃隐蔽处）旧址

林氏试馆位于三饶镇林氏宗祠西侧，占地面积 416 平方米。2011 年 4 月被列为县级文物保护单位。1926 年 1 月，中共饶平县支部在饶城（今三饶镇）林氏试馆成立。支部有林琮璜、黄世平、杨沛霖、林逸响、詹天锡、詹宗鲁等六名党员，书记林琮璜。1927 年 9 月底，毛泽覃（毛泽东胞弟）入住林氏试馆。

（二）大坡楼——中共饶平县委成立旧址

大坡楼（又称大陂楼）位于饶洋镇祠东居委，围楼结构，占地面积 5000 平方米。1927 年 7 月，中共饶平县委、共青团饶平县委在大坡楼成立。1928 年 1 月 28 日，大坡楼遭国民党烧毁。

（三）全德学校——南昌起义军茂芝军事决策会议旧址

全德学校，原名龙冈书室，位于上饶镇茂芝社区朱德广场。建于清康熙年间，原为茂芝村詹氏私塾，民国初易名为全德学校。1927 年 10 月，朱德在此主持召开重要军事决策会议，做出"穿山西进，直奔湘南"的军事决策。全德学校于 1981 年 7 月被列为县级文物保护单位。现为广东省文物保护单位、广东省中共党史教育基地、广东省国防教育示范基地、广东省干部党性教育基地、

① 选录自中共饶平县委党史研究室编《饶平革命遗址普查资料汇编》（2013 年）。

潮州市爱国主义教育基地。旧址于 2017 年进行修缮，主要陈列朱德、周士第、李硕勋、陈毅和王尔琢等参加茂芝会议同志的人物蜡像。

（四）麒麟岭——送别南昌起义军旧址

麒麟岭位于上饶镇康东村东北，因岭形似"麒麟吐火，鲤鱼上天"而得名，有石级直通福建平和县。1927 年 10 月 7 日下午，朱德带领在饶平上饶休整的南昌起义军从麒麟岭出发向平和县进发。中共饶平县委书记杜式哲等带领赤卫队和农会会员在此岭送别朱德和南昌起义军。此后，这支部队在朱德领导下转战千里，与毛泽东领导的秋收起义部队胜利会师井冈山。

（五）塘背祠堂——广东工农革命军东路独立第十四团成立旧址

塘背祠堂位于饶洋镇八瓜洋村。1927 年 10 月 15 日，中共广东省委发出关于组建工农革命军的指示。当月下旬饶平县委以上饶农民自卫军大队为基础，组建广东工农革命军东路独立第十四团。团部设在塘背祠堂。

（六）永子良村——中共饶平县委机关驻地、"温子良惨案"旧址

永子良村为上饶镇上善的一个自然村，"温子良"是土地革命战争时期的村名。1928 年 6 月，中共饶平县委被迫转移至温子良村，县委机关设于村里的林氏祖祠追远堂。8 月 9 日晚，国民党驻茂芝部和民团共 400 多人包围温子良村。次日上午，林逸响、詹锦云及革命骨干林三多、林发等 18 人被捕，在狱中，他们受尽酷刑，但始终坚贞不屈。9 月 11 日，林逸响等 18 位同志英勇就义，史称"温子良惨案"。（详见本书第二章第二节之"温子良惨案"）

（七）南湖崛——红军独立连（四十八团前身）驻地旧址

南湖崛坐落在上饶镇红岩墩背村东南方，系刘姓民居，距省道丰柏线约 2000 米。1929 年 8 月 27 日，驻饶城的国民党蒋光鼐部所属教导团第三营十三连官兵起义，后改编成立工农红军独立连。10 月，独立连在诏安官陂扩建为红军第六军第十六师四十八团。（详见本书第二章第三节之"红军四十八团创建和发展"）

（八）詹厝祠——饶平县农民自卫军训练班旧址

詹厝祠位于三饶镇，总建筑面积 738 平方米。2014 年 11 月被列为县级文物保护单位。1926 年 11 月，中共饶平县部委成立后，于饶城詹厝祠举办了农民自卫军模范队训练班。训练班从开办至结业共四个月，参加训练的学员共 46 名，由上饶、饶城、浮山等区农会选派参加。中共饶平县部委及时在训练班中发展党的组织，吸收 11 名学员入党。

（九）中共饶和埔诏第一区委机关旧址

中共饶和埔诏第一区委机关旧址位于黄冈镇龙眼城社区龙新八横巷 14 号，2013 年 9 月被列入县级文物保护单位。1931 年 4 月，饶和埔诏县委成立，统一领导饶平、平和、大埔和诏安的革命工作。四县所辖地区划分为 11 个区。第一区包括饶平的黄冈、钱东等区和诏安的思政区，区委书记邱月波。

（十）西泉公书院——中共饶和埔浮山区委及交通站旧址

西泉公书院（又称西泉公祠）位于东山镇湖岭村。1926 年，湖岭农民协会正式成立，会址设于西泉公书院。1929 年中共浮山区委转移到西泉公书院，在这里召开区第二次农民大会，部署开展抗租抗息、建苏分田分地活动。1930 年，中共饶和埔县委成立饶和埔第二区，机关设于西泉公书院，并在此建立革命第二交通站。

（十一）上禾埕祠堂——中共饶和埔诏县委机关驻地旧址

上禾埕祠堂位于建饶镇白花洋村，是该村邱氏祠堂。建筑占地面积600平方米，坐南向北，后背靠山。祠堂两侧各有6间平房，20世纪80年代自然倒塌。

1931年2月，饶和埔诏县委委员张崇、荣洁率红军第三连进入白花洋一带活动。在县委、区委领导下，白花洋革命组织发展很快，成为饶和埔诏县的一个革命据点。饶和埔诏县委、第三区苏维埃政府等工作团驻扎在上禾埕祠堂。门口左边挂"拥护中国共产党"的标语，右边是"巩固苏维埃政权"，落款是"饶和埔诏县工作团制"。

（十二）余登仁烈士故居

余丁仁故居建于清朝，至今有200多年历史。大门楼上面挂"德风堂"匾额，内分上、下两堂，有四间楼房，中间有口大天井，两旁是走廊，东西有两个耳门，大屋外巷两旁还有12间小平房，总面积400多平方米，2011年4月被列入县级文物保护单位。

在大革命时期和土地革命战争时期，九村赤卫队的骨干经常在此开展革命活动。为此，故居曾遭国民党军队四次焚毁。

（十三）中共潮澄饶党组织竹叶岭联络站旧址

竹叶岭联络站（又称德业交通站）旧址位于浮滨镇德业村，占地面积60平方米，20世纪70年代倒塌。1941年底钟声到饶中建立隐蔽斗争基地，在张文声家设立竹叶岭联络站。1942年下半年后，联络站的工作由张文生、林泽坚共同担负，到饶中一带隐蔽的党员多数由此站点介绍到各隐蔽点去。竹叶岭联络站一直支持到解放战争时期，其间接送隐蔽在饶中的地下党员和进步人士60多人，并通过张竞生等社会关系营救了被捕的同志。

（十四）樟溪小学（上青公祠）——中共潮澄饶县委隐蔽斗争据点旧址

樟溪小学位于饶平县中部樟溪镇。抗日战争期间是饶平的革命隐蔽点。樟溪小学原设于烈火村的上青公祠，后因学生人数增加，迁至北樟溪圩附近的坎下庵（即龙溪寺，樟溪中学校内）。1942 年春，苏文江应樟溪小学董事长张国栋的邀请到该校任校长。苏文江来樟溪小学后，积极对张国栋等开展统战工作，安排党内外同志来校教书或从这里转移到其他隐蔽基点。中共潮饶边特派员吴健民也曾在上青公祠召开重要秘密会议。

（十五）长彬小学——中共潮澄饶县委隐蔽斗争据点旧址

长彬小学（延德堂）位于新圩镇长彬村。1939—1943 年，国民党顽固派制造反共摩擦，饶平地下党组织转入隐蔽斗争。张文声通过陈树章将陈剑青、苏文江、李长彬、张桐萱、赵崇护、林泽坚、杨玉坤、陈廷光等地下党员安排到长彬小学教书。陈剑青等人到校后，坚持开展"三勤"活动（勤业、勤教、勤交友），利用星期天带学生到山上野营、野炊，暗中观察地形、地貌，为后来的武装斗争做准备。

（十六）旸谷公祠——抗日战争时期隐蔽斗争基地

抗日战争时期，浮任小学（校址设旸谷公祠），作为海山镇的公立学校，规模较大，附近村落子弟多在本校读书。学校教职员工多，疏散到沿海边地隐蔽的地下党工作者多数在浮任小学以教员或工友的身份，暗中从事革命活动。

（十七）庵坑——中共饶平县工委旧址

庵坑位于浮滨镇下安（原名下庵）村背面。下安村，位于原新安林场（2004 年并入浮滨镇）的西北部，四面环山，地形险要，扼饶中通往凤凰山根据地的交通要道。1949 年 6 月，中共饶平县工作委员会在下庵村成立，书记陈义之。

（十八）茂芝会议纪念馆

茂芝会议纪念馆位于上饶镇茂芝社区，坐东向西，占地面积1580平方米，建筑面积520平方米，展示面积325平方米，分为中央展厅和第一、二、三、四展厅，馆内展藏历史相关资料及文物共43件。

1927年10月7日上午，朱德在全德学校主持召开会议（即茂芝会议），做出"穿山西进，直奔湘南"的战略决策。茂芝会议纪念馆与全德学校相毗邻，是传承红色文化、开展革命传统教育和爱国主义教育的重要场所。

（十九）长征干部李沛群纪念馆

长征干部李沛群纪念馆位于海山镇隆西居委会李氏宗祠内。李氏宗祠占地面积约637平方米，纪念馆由海山镇委、隆西居委和部分离退休干部于1996年12月筹建。汕头市政协原主席陈谦题写"长征干部李沛群纪念馆"牌匾，广东省政协原主席吴南生题词"革命鸿雁，海山英豪"。纪念馆主要介绍李沛群的莒命生平和革命事迹，2016年6月被列入县级文物保护单位，是当地革命传统教育的重要基地。

李沛群（1908—1991），海山镇隆西人，1926年加入中国共产党，1927年12月参加广州起义，1934年9月参加长征。

（二十）饶平县革命烈士纪念碑

饶平县革命烈士纪念碑位于饶平县城黄冈石壁山风景区的南麓，北倚青山，面向县城，2018年3月被列入县级文物保护单位。为纪念新民主主义革命时期在饶平牺牲的革命英烈，由中共饶平县委、饶平县人民政府于1988年建立。新民主主义革命时期，饶平县人民在中国共产党的领导下，始终坚持顽强的革命斗争。在饶平牺牲的革命烈士有名可考的就达400多名，还有许多不知名的革命英烈。

饶平县革命烈士纪念碑于 1987 年初动工，1988 年 1 月竣工，占地面积 5000 平方米，建筑面积 384 平方米。建筑分上、中、下三层，碑高 18.8 米，碑体和周围围栏全部用花岗岩条石砌成。正上方镌刻"革命烈士永垂不朽"八个大字，由叶选平题写。正下方镌刻中共饶平县委、饶平县人民政府撰写的碑文。

（二十一）浮山革命烈士纪念亭（刘锡三烈士墓）

浮山革命烈士纪念亭位于浮山镇圩东北约 1000 米处的钟厝岭顶端。为纪念新民主主义革命时期在饶中地区牺牲的革命烈士，1997 年浮山镇老战士联谊会老同志发起筹建，同年 8 月 19 日破土动工，10 月 4 日举行落成庆典。

在新民主主义革命时期，饶中地区（包括浮山、汤溪、浮滨、东山、新圩、樟溪等镇）人民在中国共产党的领导下，经历了长达二十多年艰苦曲折的革命斗争。众多的革命英烈奉献了自己的生命。纪念亭占地面积约 300 平方米，为混凝土结构。主体建筑为一正方形亭阁，亭基面积约 16 平方米，亭高约 6 米。亭阁内壁依山镶嵌的黑色大理石上镌刻有 112 名（其中 66 位姓名不详）烈士的英名，亭下平台建刘锡三、张修省、杨强林三位烈士和农运先驱何存真之墓，亭阁上方"烈士纪念亭"五个大字由原闽粤赣边纵队第四支队政治部主任李习楷题书。

（二十二）下岱岭革命烈士墓

1950 年 2 月，何志廷等 11 名解放军战士参加解放南澳的战斗，在柘林海边准备渡海作战时，被敌机扫射而壮烈牺牲。烈士遗体原葬于柘林妈宫山西侧（柘林砖炉厂位置），1967 年因柘林砖炉厂扩建，将烈士遗骸移葬于柘林镇下岱村后山北侧，并建解放南澳光荣牺牲纪念碑一座。

革命人物①

杜式哲

杜式哲（1905—1930），广东省澄海县（今汕头市澄海区）涂城村人。生于泰国曼谷。1916年回家乡读书。1923年考进广东省立潮州金山中学校，翌年因病辍学，赴泰国医治。1925年返回潮汕，就读澄海县立中学。受革命军第一次东征的影响，在共产党员李春蕃等一批进步教师的教育指导下，积极参加反帝爱国运动，当选澄海县学生会领导人。1925年底加入共产主义青年团。1926年1月加入中国共产党，调任共青团汕头地委文书。同年5月26日，以团地委学委会负责人身份出席广东省学联会代表，被选为省学联会执委、特派员，成为潮汕地区学生运动领导人。

1926年4月，杜式哲被中共汕头地委派往饶平开展工作。和林琼璜、王兆周等人深入乡村，发动工农闹革命，领导各界人士开展揭露饶平县长蔡田贪污枉法劣迹，要求将其究办的"驱蔡运动"。驱蔡成功后，成立饶平农民自卫军，于10月配合国民革命军打退北洋军阀部队对潮汕的进攻，支援了国民革命军的北伐。1927年5月，和余登仁带领农军1000多人攻占饶平

① 选录自中共饶平县委党史研究室、饶平县民政局2009年联合编印《中共饶平县（边县）组织主要领导人及烈士简介》（新民主主义革命时期）。

县城；7 月，中共饶平县委员会成立，杜式哲担任书记；10 月组织农军武装配合南昌起义南下部队作战。起义部队撤出潮汕后，县农军武装编为广东工农革命军东路独立第十四团，杜式哲任党代表。1928 年 6 月调中共东江特委机关工作，先后担任委员、常委、副书记。1930 年 4 月，调任中共广州市委书记；5 月 27 日，遭国民党军警逮捕；7 月 1 日，在广州黄花岗壮烈牺牲。

林逸响

林逸响（1904—1928），广东省饶平县饶洋镇扶阳林村人。1924 年考进省立潮州金山中学校。1925 年 11 月，国民革命军第二次东征胜利后，林逸响弃学到汕头市岭东民国日报社从事革命宣传工作，不久加入中国共产党。翌年初，林逸响被派回饶平县进行国民党县党部改组工作，任党部秘书。同时深入农村开展农民运动，建立乡、区农会，3 月被选为上饶区农会会长。1927 年 4 月，任中共上饶区委书记；5 月 5 日，参与组织农民武装暴动，攻占饶平县城；7 月被选为县委委员；10 月，率领农军武装打击国民党反动派，迎接南昌起义部队进饶平。1928 年 6 月，接任饶平县委书记，与县委成员一起领导全县人民开展对敌斗争。同年 8 月 10 日，林逸响等 18 名同志在上善温子良村追远堂遭国民党军警和民团包围袭击，9 月 11 日在大埔茶阳英勇就义。

余登仁

余登仁（1903—1936），又作余丁仁，原名丁瀛，广东省饶平县九村陂墩（今属新丰镇）人。1919 年在汕头市华英中学读书时，积极参加五四运动。1922 年考进上海国民大学，投身政治运动。1924 年暑假回到饶平，参与组织饶平同志学社，传播革命思想。1925 年冬，余登仁在上海加入中国共产党。1926 年，大学毕业后，返回饶平县瑞光中学任教，开展革命活动，培养了一批革命骨干。1927 年 5 月 5 日，协助组织农民武装暴动，攻占饶平县城；7 月当选中共饶平县委委员、宣传部长；10 月，任广东工农革命军东路独立第十四团参谋长。1928 年 10 月，县委机关遭国民党军警和民团袭击，县委书记林逸响等人牺牲后，余登仁负责联络饶平、大埔和诏安边界一带隐蔽的共产党员。11 月组建中共饶平大埔特委，与谢卓元负责领导饶和埔边区人民开展对敌斗争。1929 年 1 月奉调中共东江特委，任宣传干事。1930 年底任中共潮澄澳县工委委员。1931 年 3 月，任中共饶和埔诏县委委员；4 月，因叛徒告密被捕，后越狱返回县委机关；11 月出席中华苏维埃第一次全国代表大会。1932 年 6 月，任饶和埔诏苏维埃政府主席。1933 年春之后任中共饶和埔诏县委代理书记兼饶和埔诏县委宣传部长、中共闽粤边区特委委员等职。1936 年春，在"肃反"运动中被错杀。1957 年，获追认为革命烈士。

谢卓元

谢卓元（1905—1935），又名冠欧，绰号大头，广东省大埔县人。1922 年在大埔中学读书时，积极参加学生运动，被选为县学生联合会主席。在旅穗回乡的张善铭、蓝裕业等人指导下，组织大埔县新学生社，领导青年学生开展反帝爱国活动。1925 年 11月，担任共青团大埔县独立支部书记。1926 年 3 月任国民党大埔县党部执委，同年加入中国共产党。1927 年 9 月，带领农民武装策应南昌起义部队进大埔并配合起义部队在三河坝阻击敌人。1928 年 1 月，任中共大埔县委员会委员，11 月与余登仁组建中共饶（平）大（埔）特委，领导边区人民开展革命斗争。此后，历任中共大埔县委书记、饶和埔县委委员、饶和埔边区革命委员会主席、饶和埔诏县委委员、饶和埔诏苏维埃政府裁判部长等职。1933年春，协助余登仁主持中共饶和埔诏县委工作，带领武装队伍在闽粤边坚持游击战争。1934年5月，任中共闽粤边区特委委员，负责宣传工作。1935年2月，任中共饶和埔诏县委组织部长。1935年夏，在"肃反"中被错杀。1957年，获追认为革命烈士。

刘锡三

刘锡三（1905—1933），原名何丹成，广东省海丰县人。早年受农民运动先驱彭湃的影响，曾带领农民开展抗租抗债的革命斗争。1925年1月，参加第三届广州农民运动讲习所，后加入中国共产党。5月，回海丰县开展农民运动，任县农协会第六区特派员。随后，担任中共海丰县第九区特支（部委）执委、书记，共青团海丰地委执委，负责经济委员会工作。1926年1月，到潮汕工作，任澄海县农会特派员、共青团澄海县支部第三组长。1927年，刘锡三参与领导澄海县4月15日武装暴动，反击国民党右派的屠杀。同年11月，被选为中共澄海县执委、第八区委秘书，在莲花山坚持革命斗争。1929年1月，受中共东江特委派遣，到饶平恢复县委领导机构，任饶平县委书记，领导开展游击斗争和分田运动，恢复和创建苏区。1930年5月，调任普宁县委书记。1931年4月，任饶和埔诏县委书记，率领武装队伍反击国民党反动派的多次"围剿"。后转入高山密林与敌人周旋，虽身患重疾，仍坚守指挥岗位。1933年9月，遭国民党包围，在突围中不幸中弹牺牲。

连铁汉

连铁汉（1900—1934），广东省大埔县人。1926年加入中国共产党。1927 年夏，任中共大埔县埔南区委书记、县委委员。负责茶阳秘密交通联络工作期间，因身份暴露，调至埔东区筹建区苏维埃政权并任县革命委员会副主席。1929 年 1 月，中共饶平县委重建时，任县委委员，同其他县委成员一起深入开展游击斗争并创建上饶苏区，开展分田运动。1930 年 5 月，任饶平县委书记。同年冬，中共饶和埔县委成立，任县委委员，参与领导饶和埔、饶和埔诏苏区的斗争。1932 年 12 月，带领游击队到大埔夺取枪支时受伤被捕。1934 年 6 月 13 日，被国民党杀害于大埔县城。

周大林

周大林（1900—1933），广东省海丰县城西门人。1921 年加入彭湃组织的社会主义研究社，学习马列著作。1923 年在海丰跟随彭湃从事农运。1926 年 5 月加入中国共产党，9 月任中共海丰县梅陇区委常委。1927 年任中共海丰县公平区委书记，参与组织海丰农民武装起义，打击国民党右派和地主武装。后被调到陆丰县开展工作。1929 年 10 月，任潮阳县委常委。1930 年 5 月调任东江特委彭杨军校政治教官，11 月任潮澄澳工委书记。1931 年 5 月后调任海陆紫县委书记、东江特委委员、潮普惠县委书记、红军东江独立师第二团政治处主任等职。1933 年 3 月任海䧏紫县委书记，后调任中共广东省委工作。10 月参加闽粤赣边区会议后，途经汕头时，因叛徒告密被捕，于 21 日被国民党杀害。

李子俊

李子俊（1893—1932），广东省潮安县鹳巢乡人。早年在潮安县内从事教育工作。1924 年在家乡参与组织教育促进会，团结附近各乡农民进行反帝反封建的斗争。1925 年 12 月，成立新的潮安县农民协会，李子俊被选为执委会常委。1926 年加入中国共产党。1927 年 10 月，南昌起义部队撤离潮汕后，被选为潮安县委委员，多次参与组织和领导潮安县工农革命队伍在潮汕铁路沿线进行武装斗争。1928 年 6 月，任潮安县委军事委员会主任。1930 年 5 月，被选为东江苏维埃政府常委、潮澄澳县工委委员。1931 年 5 月，接任潮澄澳县委书记。1932 年 5 月，在"肃反"中被错杀。

徐国声

徐国声（1904—1935），广东省海丰县人。1925 年加入共产主义青年团，翌年转为中国共产党员。历任中共海丰县第四区委宣传委员，海丰县委委员、书记等职。1931 年 5 月，任东江特委书记。任职期间，开展游击战争，打击敌人。1933 年秋，兼任潮澄澳县委书记。同年冬到中央苏区开会，后参加长征。1935 年在长征途中作战牺牲。

陈信胜

陈信胜（1904—1936），原名刘胜信，广东省海丰人。1926 年加入中国共产主义青年团，毕业后投身海丰县农民运动，担任共青团海丰县第七区委副书记，同年转为中共党员。1927 年国民党在广东发动"四一五"政变后，他积极参加海丰的三次武装起义和建立苏维埃政权的斗争。1933 年冬，任中共潮澄澳县委（1934 年 10 月改为潮澄饶县委）书记。任职期间，潮澄饶地区多次遭国民党军队"围剿"。在异常残酷的环境下，陈信胜与县委成员成立工农红军潮澄饶第三大队，坚持开展游击战争。1935 年，陈信胜被派到潮澄揭县委协助工作。1936 年，在"肃反"时被错杀。1984 年 2 月，获平反昭雪，恢复名誉。

张　敏

张敏（1908—1937），广东省澄海县人。1923年投身农民运动。1925年先后任岐山乡、下蓬区、汕头市郊区农民协会常委。1926年加入中国共产党。1927年9月，南昌起义部队进驻潮汕时，张敏率领农民武装配合起义军进入汕头市，任汕头市革命委员会委员。同年11月，任中共汕头市委常委、士兵运动委员会委员，在桑浦山一带坚持武装斗争。1929年，调东江特委工作。1931年5月任潮澄澳（饶）县委委员。1935年1月，接任潮澄饶县委书记、闽粤边区特委委员，在浮凤根据地领导开展分田地、建立红色政权工作，率领潮澄饶红三大队向饶诏边界推进，配合饶和埔诏游击队打击国民党地方武装。是年夏，张敏率领县委和红三大队转移到闽南乌山一带坚持武装斗争。同年秋任中共闽粤边区特委常委兼云和诏县委特派员。1936年4月，张敏接任县委书记，领导云和诏县委和边区独立营，在乌山周围建立区委和100多个党支部，在云和诏组织农民反日救国会，建立农民抗日自卫军，使乌山革命根据地有较大的发展。1936年初，张敏在边区曾犯"肃反"扩大化错误，经上级提出后即予纠正。1937年6月，任中共闽粤边区特委代理书记。7月16日，在诏安县月港村召开中共云和诏县、区委负责人会议时，突遭国民党军队包围逮捕。17日，与其他被捕人员在诏安县城英勇就义。

陆位保

陆位保（1908—1937），别名陆和尚，广东省潮安县北坑（今属潮州市湘桥区）人。童年在本乡读小学，因家庭贫困中途辍学，到潮州城东升酒店当学徒，因不堪店主虐待而回乡种田。1932年，在凤凰区加入革命队伍。1933年加入中国共产党，任潮安县秋溪区委委员。后调到浮凤，与文锡响、陆益等创建浮凤区根据地。1934 年秋，任中共浮凤区委书记，领导浮凤区人民多次粉碎国民党的"围剿"，建立区苏维埃政府，开展土地革命。1935 年 9 月，国民党军队大肆进犯苏区，陆位保随县委转移到诏安县坪路村活动。11 月，县委在诏安十八间召开会议，陆位保任潮澄饶县委书记。至 1936 年 4 月，县委在 10 多个乡村和汕头市铁路、汽车工人中建立了抗日救亡组织。同年 6 月，因交通员叛变，陆位保被国民党汕头市当局逮捕。1937 年 5 月被杀害。

邱宗海

邱宗海（1906—1931），广东省大埔县人。1924 年在大埔中学读书时，在旅穗的中共党员张善铭、蓝裕业等人的教育指导下，与谢卓元等组织埔中新学生社，积极参加社会活动。1925 年，在黎源、三洲小学任教，开展反帝反封建的宣传活动，因当地士绅的阻挠，离开家乡往南洋募捐办学。1926 年春返回家乡投身农民运动，同年加入中国共产党。8 月被派到汕头，在汕头地委主办的工农运动宣传养成所学习。结业后回大埔，将在南洋所募集到的捐款用于购买枪支、筹建农民自卫军。1927 年国民党在广州发动"四一五"反革命政变，邱宗海率领工农武装开展对敌斗争。当南昌起义部队南下广东逼近大埔时，邱宗海率领武装队伍攻克国民党高陂区署、区党部和驻军营地，迎接起义部队进入县内。同年 11 月，任工农革命军东路第十五团党代表。次年 11 月任中共大埔县委代书记、中国工农红军第六军（后改为第八军）第四十六团政委，率领闽西人民坚持游击斗争。1930 年夏，邱宗海任中共大埔县委书记，11 月接任中共饶和埔县委书记、闽粤赣苏维埃政府筹委会委员。1931 年 3 月，邱宗海与黄炎等人往东江特委汇报工作时，途经丰顺县八乡山遭敌袭击中弹牺牲。

赖洪祥

赖洪祥（？—1935），福建永定人，中国共产党员。1933 年 9 月，任中共饶和埔诏县委书记，同县委其他主要领导一道发动群众，组织游击队，广泛开展游击战争，在已建立苏维埃政权的乡村开展土地革命，实行反霸分田。同时派员到八仙山地区发展游击队伍。至 1934 年，在这一带的武装队伍已发展到 400 多人。同年 4 月底，派出县委委员带领游击队配合潮澄饶红三大队攻打黄牛山，为中共潮澄饶县委的顺利转移创造了有利条件。因积劳成疾，于 1935 年初病逝。

张 崇

张崇（1903—1937），广东省五华县人。1925 年，参加农民自卫军。1926 年 5 月，参加古大存在大南山举办的农民自卫军骨干学习班，并加入中国共产党。1929 年 2 月，加入古大存领导的游击队。1930 年起，先后任中共饶和埔、饶和埔诏县委委员及武装工作队指导员、饶和埔诏苏维埃政府委员，为开辟当地通往中央苏区、饶平至诏安的秘密交通线做出贡献。1933 年，张崇在诏安官陂的马坑创办消费合作社，冲破国民党经济封锁。1934 年 8 月，任中共饶和埔诏县委武装部长，与余登仁等率领游击队配合红三大队攻打黄牛山，为潮澄饶县委的顺利转移、开辟乌山革命根据地打开了通道。1935 年 9 月，任潮澄饶县委书记；12 月，任云和诏县委委员。1937 年 7 月 16 日，在月港村参加由张敏主持的中共云和诏县委会议时，遭国民党军队逮捕，同月 20 日在诏安县城郊英勇就义。

周礼平

周礼平（1915—1945），广东省澄海县东里镇人。1932 年，周礼平考进汕头市大中学校。在校期间，受进步师生的影响，组织读书会，阅读马列著作和进步书籍，积极参加抗日救亡活动。1936 年冬，参加中共潮汕组织领导的华南抗日义勇军潮汕大队，任小组长。翌年 3 月加入中国共产党，组织和领导汕头学生开展抗日救亡宣传活动。全面抗战爆发后，周礼平发起组织汕头青年救亡同志会，为成立大会起草宣言，并被选为汕头市青年抗敌同志会常务理事。1937 年 11 月，任中共汕头市工委（后改为市委）组织部长、执委，负责潮汕铁路工运工作，在铁路工人中建立和发展中共组织。1938 年 10 月，调任中共樟东区委书记，为配合开辟潮澄饶边新区、建立抗日游击据点的斗争开展活动。1939 年 10 月，任中共潮澄饶中心县委敌后工作部部长兼樟东区委、汕庵区委书记。1941 年 7 月调任中共潮澄饶敌后县委书记，领导敌后地区开展对敌斗争。1942 年 6 月"南委事件"发生后，周礼平担任中共潮澄饶汕组织负责人和潮澄饶汕敌后县特派员兼潮饶边县特派员等职，为处决原中共南方工作委员会秘书长、叛徒姚铎的斗争做出了贡献。1944 年 10 月，中共潮汕组织全面恢复活动，周礼平任中共潮澄饶县委书记，坚持领导和指挥敌后抗日游击斗争。1945 年 6 月，潮汕人民抗日游击队扩编为广东人民抗日游击队韩江纵队，周礼平任第一支队支队长兼政委。8 月 17 日，周礼平在潮揭丰边（潮安登塘居西溜）指挥战斗中牺牲。

王　武

王武（1921—1945），曾用名亚恭，广东省普宁县四方园村人。1936 年，在梅峰公学就读，积极参加抗日救亡活动。1937 年

11 月加入中国共产党。1938 年 6 月，王武调到汕头青年抗敌同志会负责誊写、油印工作，8 月参加广东省第九区民众抗日自卫团教导队在潮安开办的训练班，后出任第三战时工作队政治指导员，到澄海县岐山乡组建抗日游击支点、开展群众工作。1939 年 6 月汕头沦陷时，王武率领第三战工队队员和部分群众撤入桑浦山与其他队伍汇合，成立潮汕青年抗日游击大队，任第三分队长。后调任中共鹳庵区、潮西区委书记。1941 年 8 月，接任潮澄饶汕敌后县委书记，9 月县委改为特派员制，王武任副特派员。任职期间，率领武装队伍袭击日伪军据点，开展锄奸等斗争。1942 年 6 月，中共南委机关被敌破坏后，奉命撤回普宁县，隐蔽在小学任教。1944 年 10 月恢复组织活动后，带领行动小组处决原中共南方工作委员会秘书长、叛徒姚铎。1945 年 3 月，潮汕人民抗日游击队成立，任队长。同年 6 月 15 日，在普宁县乌石村指挥作战时中弹负伤，翌日英勇牺牲。

张全福

张全福（1912—1948），福建省上杭县人。1929 年加入共青团。翌年加入中国共产党，被选派到江西瑞金的列宁师范学校学习。毕业后参加红军，历任班长、排长。1932 年，在福建省军区特务连任连长。后任连指导员，转战闽中、闽北。1934 年 10 月中央红军长征后，留守中央苏区，在龙岩、漳州地区活动。1935 年后在闽西苏区坚持游击战争。中共长乐区委成立后，任书记。此后在长乐一直工作到 1944 年冬。1944 年底，中共南方工作委员会联络员李碧山决定在闽粤边组织抗日武装。张全福配合党组织筹建抗日游击队韩江纵队的工作。1945 年 2 月，韩江纵队成立，张全福任韩江纵队留守支队政治委员，活动于平和、长乐和大埔东部地区。同年饶和埔丰边区成立中共饶和埔丰县工作委员会，张全福任书记，带领革命武装和广大民众开辟饶和埔丰边游击区。1946 年任中共闽粤赣中心县委书记。同年，中共闽粤赣中心县委改为中共梅埔地委，张全福任中共梅埔地委特派员。1947年 6 月，中共梅埔地委改为粤东地委，张全福兼任书记，为粤东地区武装斗争的迅速发展奠定了基础。1948 年，张全福因病复发，医治无效，在大埔岩上李树岗逝世，年仅 36 岁。

革命歌谣①

（一）土地革命战争时期革命歌谣

送郎当红军

送郎当红军，坚决杀敌人。消灭反动呀！都是为穷人。
送郎当红军，切莫挂家庭。家中田园呀！政府帮耕种。
送郎当红军，政治要坚定。不开小差呀！要把模范当。
送郎当红军，亲郎慢慢行。革命成功呀！亲郎回家庭。

叹五更

一更起雷是夜昏，可恨白党恶心肠，苛捐杂税还唔了，还来掠俺去入仓②。

二更鼓起日暗时，可恨白党臭东西，四处掠人剿散宅，奸淫抢掠无了期。

三更鼓响月色明，豪绅地主是仇人，工农兄弟齐反对，杀尽仇人心正清。

四更鼓响月斜西，人人拥护苏维埃，革命成功真正好，安居乐业无狼豺。

---

① 选录自中共饶平县委党史研究室编《饶平党史资料》期刊。歌谣用潮汕方言作。

② 仓，指监狱。

五更落雷天已光，一夜苦歌今唱完，联合男女来革命，革命成功把身翻。

十劝妹

一劝妹妹你欲知，今日不比旧日时，妇女翻身要彻底，莫象从前受人欺。

二劝妹妹欲知详，凡事自己做主张，革命事业是天责，妇女应该要相帮。

三劝妹妹欲分明，天下男女同样多，须欲男女团结紧，革命大事正会成。

四劝妹妹欲记清，莫嫌自己女儿身，各处多少女同志，生龙活虎赛男人。

五劝妹妹没起愁，莫讲革命几多苦，革命就是唔怕苦，唔怕贼抢唔怕烧。

六劝妹妹莫贪花，败坏名誉辱自家，终欲真知行正路，自由结婚顶呱呱。

七劝妹妹莫忘仇，豪绅地主迫租收，挑箩背袋来量谷，穷人无食目汁流。

八劝妹妹欲知端，男女团结闹革命，妇女争得真平等，男女双双掌政权。

九劝妹妹心意长，收拾行李快回乡，鼓动大家来革命，不纳租税不缴粮。

十劝妹妹歌唱完，革命成功歌满天，工农政权建立起，许时快乐胜神仙。

工农兵向前冲

思想起，广东起暴动，工农兵，勇敢向前冲！哪咳哟，向前冲！冲锋呀！你扑我又来。前进呀！敌人被杀开！哪咳哟，被杀开！反动派，狼狈难逃走，白狗子，个个惊丧胆！哪咳哟，惊丧胆！庆胜利，建立苏维埃，看今朝，红旗到处飘！哪咳哟，到处飘！

（二）全面抗日战争时期革命歌谣

日本是俺大仇人

周礼平作词

生做孥仔好是好，有食有穿免烦恼。阿爸赚钱我读书，百事唔知知㧒桃。日本鬼仔真正枭，害俺家内青里硝，行情艰竭无钱赚，阮个读书着放掉，放掉读书就激心。日本是俺大仇人，害俺细细来受苦。此仇不报唔甘心，唔甘心！

抗日歌谣

鬼子带枪刀，个个戴铁帽，嘴边留二撇，个面似妖魔。到处淫杀人，好象老猪哥，欺侮我民族，践踏我山河。叔伯兄弟伙，血债要记牢，菜刀磨利利，杀伊见阎罗。

除奸歌

王亚夫作词

兄弟姐妹听我言，做人切勿做汉奸！汉奸卖国当走狗，任人指使随人牵。有个就去探军情，有个就去造谣言，有个就去落毒药，胶己①害死胶己人！骂声汉奸太不良，亲敌卖国去投降，破坏救国个团体，将俺人民来摧残。兄弟姐妹听我言，遇着汉奸勿

---

① 潮音"胶己"，即自己。

放松，掠来刣①，掠来刣，汉奸除尽正平安！

抗敌歌

王亚夫作词

兄弟姐妹听我言，快来救国勿放松！现在只有两条路，唔是抵抗就投降！谁人愿做亡国奴？谁人愿去当汉奸？除非无知个走狗！除非无知个臭人！俺大家，唔投降，欲共潮汕共存亡！肉殿殿②，血红红，死在战场心也甘！

乌鸦枝头呀呀啼

雨仔微微湿树枝，乌鸦枝头呀呀啼。问道乌鸦啼乜事，啼俺人民真惨凄。九一八，许当时，东洋鬼子无道理。夺俺土地抢俺钱，杀俺同胞罪滔天。同胞们，快起来，一齐上前抵抗伊。

童谣

月娘光光好相刣，刣到日本叫阿嫒。月娘光光好冲锋，冲到日本叫阿公。

赞乌森

天顶雷公，地下乌森。打倒鬼子，敢当先锋。掠伊敌轮，巧立奇功。

---

① 刣，即杀。
② 潮音"殿殿"，即坚实。

（三）解放战争时期革命歌谣

敲仔苦

林琴园词，陈玛原曲

敲仔苦！苦，苦，苦！骨头驴到散，四十病死嬷①。欠钱无能还，走仔②分人估，逗仔③无法饲，卖去四五都④。

敲仔苦！苦，苦，苦！背脊曝到裂，衫裤件件补，死落脚翘翘，无衫无裤见公祖。

刺仔花

阿乌词，陈玛原曲

刺仔花，白披披，细妹送兄到路边，吩咐阿兄着出力，革命到底着坚持。

刺仔花，白茫茫，细妹送兄到路旁，吩咐阿兄着出力，革命工课勿输人。

喻英奇

喻英奇⑤，喻英奇，我问你，岂知你的命仔无久时。拐脚鬼，你且走出城来看，遍地山头已经插遍红军旗！红军旗，红军旗，人民看着笑嘻嘻。我问你，做呢看着魂飞天。哈！哈！哈！谁人叫你做阿咸蒜头⑥个代死鬼。我今给你咀，个个欲掠你来斩糜糜！

---

① 嬷：妻子。

② 走仔：女孩。

③ 逗仔：男孩。

④ 四五都：地名，在闽南。

⑤ 喻英奇 1949 年任"闽粤边区剿共总指挥"。

⑥ 咸蒜头，指蒋介石。

青黄不接四月天

青黄不接四月天，保长来催壮丁钱。叱七道八，欲派我八斗米，最慢明天。若是无还欲锁厝，掠到县府受凌迟。入伍当新兵，十去九死。想着起来无计施，走去向人生谷利，八斗还石二。担到保长个家里，倒落伊个笪底乃满满。伊个老婆笑嘻嘻，说欲拿去打戒只。老天呀，岂有此理！

工农兵是主力军

谁是革命主力军？我们工农兵。工农和士兵，都是一家人。自由被剥夺，血汗被吸尽，受苦受难被压迫，要求解放为革命。前进！向着敌人拼命，不怕流血和牺牲，为争自由争平等。军阀资本家，地主，豪绅，帝国主义者，我们一定要铲平。

妇女解放歌

鸡啼就起床，做到日落西，风吹共雨打，痛苦有谁知。穷人不识字，实在是惨凄，丢写又丢算，一生受人欺。劝我妇女们，快快团结起，学习莫延迟，学习莫延迟。地主反动派，心肝如狼豺，剥削我穷人，妇女受辱害。大家快觉悟，加入工农会，打倒旧封建，建立新世界！英明共产党，领导工农兵，妇女闹翻身，振起我精神。男女团结紧，齐心闹革命，打倒反动派，胜利归我们。

乌崇顶

乌崇顶，山高高，天气寒，茶花开，满山白奔奔，摘枝茶花送哥当红军。天捞朗，白雾茫茫盖朝霞，哥去杀敌侬开茶峯。毛泽东，好像日头公，引我前进思想搞通。念阿侬，虽是一女子，

168

亦着来去当红军。脚穿草鞋，手提短枪，盘山过岭各乡去，对着群众来宣传。俺今猛猛着觉悟，组织民兵杀敌人！

莫须愁

莫须怨来莫须愁，自有春光在前头，革命成功分田地，旧厝烧掉起新楼。

附录四 大事记①

1926 年

1月　中共饶平县支部在饶城建立，支部书记林琮璜。党员 6 名：林琮璜、黄世平、詹天锡、詹宗鲁、杨沛霖、林逸响。

4月　共青团饶平县支部在饶平第二中学成立，黄连渊任支部书记。

是月　饶平县农民协会于饶城林厝祠成立，会长林琮璜。至 4 月底，全县有饶城、上饶、浮山 3 个区农会和 33 个乡农会，会员 1917 人（户）。

5月　中共汕头地委派杜式哲为饶平县特派员，协助中共饶平县支部加强农民运动的领导和发展党团组织。

6月　全县党员增至 18 名，饶城、上饶、黄冈、浮山、隆都等地建立了共青团组织。

11月　中共饶平县支部改为中共饶平县部委，书记林琮璜。下辖新丰、九村、龙潭角、茂贝、饶城城郊、浮山、黄冈 7 个党支部，党员 78 名。

年底　中共饶平县部委在饶城邱厝祠召开党团联席会议，会

---

① 选录自中共饶平县委党史研究室编《中共饶平地方史大事记》（1919—2013），内部发行 2014 年版。

上提出继续扩大农会及农民自卫军，加速发展党团组织，并把上饶和饶城划成四个片，由詹籍任、詹炳光、林纪元、廖静波等联络员分片负责。

1927 年

4 月下旬　中共饶平县部委在丁坑村召开饶平县党团骨干会议，决定 5 月初举行武装暴动，攻打饶平县城。同时成立中共上饶区委员会，区委书记林逸响，委员刘瑞光、詹炳光、余登仁、詹瑞兰。

5 月 5 日　中共饶平县部委领导饶平县农军举行武装暴动，以上饶区农军为主力，联合饶城郊区、浮山区农军和农会会员共 1000 多人，攻下县城。

7 月　中共饶平县委员会在上饶区大陂楼成立，县委书记杜式哲。同时成立共青团饶平县委，书记李仁华。县委辖上饶区委和浮山、黄冈 2 个支部。

9 月 11 日　中共饶平县委派张碧光率领农军 50 多人，支援大埔农军武装暴动，一举攻占高陂区署。

9 月下旬　为策应南昌起义军进占潮汕，浮山区农会领导人张修省率东洋、长教、何厝、湖岭等乡农军 130 多人举行暴动，攻占浮山区署。

9 月 30 日　中共饶平县委派张碧光带领 40 多名农军到三河坝领取朱德赠给的 46 支步枪和一批子弹。

10 月 4 日　中共饶平县委领导上饶农军和农会会员 2000 多人举行第二次武装暴动，攻打饶城。

10 月 5 日　早晨，朱德率起义军到达上饶。中共饶平县委书记杜式哲动员农会组织群众迎接起义军，并向朱德汇报农军攻城情况。朱德派第九军教育团 300 多人支援攻城。经过半个小时的战斗，农军和起义军攻占县城。下午，起义军撤出饶城，进驻茂芝。

10月6日　第二十军第三师教导团参谋长周邦采率领200多名士兵，在茂芝与朱德、周士第会合。

10月7日　上午，朱德在茂芝全德学校主持军事会议，做出"穿山西进，直奔湘南"的战略决策。

10月下旬　以饶平农民自卫军为基础，组建广东工农革命军东路第十四团，团部设在祠西塘背祠堂，团长张碧光。

1928 年

3月8日　中共饶平县委派出农军50多人，支援福建平和暴动，攻下县城九峰。

6月8日　杜式哲调任东江特委委员，由林逸响接任饶平县委书记。

8月10日　中共饶平县委驻地温子良村被国民党军队和民团包围，县委书记林逸响、委员詹锦云和农会干部林发等18人被捕。后来全部被敌杀害于大埔茶阳。史称"温子良惨案"。

11月　中共饶（平）大（埔）特委成立，隶属于中共福建省委，余登仁和谢卓元负责领导工作。

1929 年

1月　重组中共饶平县委，刘锡三任县委书记，县委机关设在双善乡对坑村。

10月　饶平县第一个乡苏维埃政府——双善乡苏维埃政府成立。

年底　工农红军第六军第十六师四十八团成立。

1930 年

3 月　饶平县农民代表大会在大门口村召开，宣布成立饶平县革命委员会，主席刘金丹。

4 月　饶平县革委会在大门口村举办分田骨干训练班。

5 月　刘锡三调普宁县委工作，连铁汉接任饶平县委书记，詹瑞兰任副书记。

7 月 13 日　中共饶平县委以四十八团为主力，联合各乡赤卫队，第三次攻打饶平县城。红军和赤卫队回师途经横岭村时，遭民团袭击，四十八团政委李光宗不幸中弹牺牲。

8 月　为粉碎国民党对苏区的军事"围剿"和经济封锁，中共饶平县委在双善乡集资建立消费合作社，从平和、诏安等圩镇购进食盐、布匹、煤油、纸张等日用品，供应苏区军民。同时，建立枪械所和红军医院，创办平民学校，使双善苏区成为"后方大院"。

11 月　饶平、平和、大埔三个县委合组为中共饶和埔县委，隶属中共闽粤赣边特委，县委书记邱宗海。

12 月 11 日　饶和埔县革命委员会成立，主席刘振群。

1931 年

2 月 7—10 日　饶和埔县第一次工农兵贫民代表大会在大埔县大产泮村邱氏宗祠召开，成立饶和埔县苏维埃政府，陈彩芹任主席。

2 月　国民党军"进剿"饶和埔苏区，邱宗海遭敌杀害，刘锡三接任中共饶和埔县委书记。

年初　叶剑英一行四人从香港起程赴中央苏区，途经饶平时在黄冈的交通站住宿一晚。

4 月　中共饶和埔县委在诏安县石下村召开会议，饶和埔县委改为饶和埔诏县委，书记刘锡三。

11 月 余登仁、游章堤等三人代表饶和埔诏县委出席在江西瑞金召开的中华苏维埃第一次全国代表大会。

12 月 余登仁等传达中华苏维埃第一次全国代表大会精神，刘锡三、陈明昌传达福建省委纠正"肃反"运动中的"左"倾错误的指示。

1932 年

春 中共潮澄澳县委派陆益、陆广祥等同志到饶平的坪溪、白水湖等地建立农会和赤卫队，开辟浮（山）凤（凰）苏区。

6 月 饶和埔诏苏维埃政府在石下村成立，余登仁任主席，谢卓元任裁判部长，陈明昌任军事部长，同时设立军事、粮食、土地三个委员会。

7 月 饶和埔诏县委在诏安石下村召开扩大会议，做出《关于夏收斗争与"八一"工作的布置》的决议。会后，陈明昌等组成工作组，秘密回到双善开展恢复上饶苏区活动。

9 月 石下、马坑等革命据点被国民党黄南鸿部攻下。县委决定成立武装工作队。工作队突出敌围到诏安深湖、搭桥开辟新区和恢复双善、九村苏区工作。

11 月 上饶根据地遭"围剿"，中共饶和埔诏县委委员陈明昌等 10 人被杀害。

1933 年

1 月 中共潮澄澳县委组建潮澄澳特务大队，大队长李金盛，政委林乌。

9 月 17 日 国民党浮山区署攻打石埔，刘锡三在突围时牺牲。

12 月　余登仁带领部分游击队员突破敌人包围圈，转到诏安的坪路、深湖一带活动，开辟革命新区。饶和埔诏县委书记赖洪祥和张崇坚持在饶诏边境的岩下、礤头等地活动。

1934 年

1 月　中共浮凤区委在白湖乡成立浮凤区赤卫队。大队按自然区域划分为四个支路。

3 月　中国工农红军潮澄澳第三大队（简称红三大队）成立。全队 200 多人枪，分三个中队。

4 月 30 日　在红三大队的配合下，余登仁、张崇率领饶和埔诏县委游击队和赤卫队，攻下饶诏边的黄牛山，全歼白扇会匪众。

7 月中旬　罗金辉率第一中队配合浮凤区各乡赤卫队，乘夜从乐岛、坪山、十二排分三路进攻浮滨圩，全歼守敌。

7 月　潮澄澳红三大队支援饶和埔县委恢复上饶苏区工作，联合袭击国民党上饶区署和团防，缴获长短枪 20 多支和一批物资。

8 月 1 日　中共闽粤边区特别委员会（简称闽粤边区特委）成立。饶和埔诏县委归其领导，县委书记赖洪祥。

秋　中共潮澄澳县委工作组到待诏山下一带开辟饶城新区，连接白花洋，形成一条由潮澄澳通往饶和埔进入闽粤边区特委的秘密交通线。

1935 年

7 月初　浮凤区苏维埃政府成立，黄芝固任主席。随后，白湖、庵下、三坪礤、中段、叫水坑等 19 个村相继成立乡村苏维埃政府。

12 月 15 日　中共闽粤边区特委决定解散饶和埔县委，错误地将余登仁开除党籍，许其伟、张崇作留党察看处分。原县委人员和游击队组成饶诏工作团，归云和诏县委领导。

12月底　中共闽粤边区特委原委员谢卓元和张华云被错杀。

1936年

1月　潮澄饶红军第一大队（简称红一大队）成立，队长卢秋桂。

春　余登仁在"肃反"中被错误地处死。

6月　潮澄饶红军第一大队改编为中国人民红军闽南抗日第五支队，队长李金盛。

10月　第五支队在汤溪牛皮洞遭浮山、凤凰、坪溪、饶城四路敌军包围。52名战士突围时牺牲，幸存人员被编入红一支队。

1937年

7月16日　诏安县保安团沈东海部突袭月港村，闽粤边区特委代理书记张敏等被捕，翌日遭杀害，史称"月港事件"。

同日　红三团政委何鸣率红三团和抗日第一支队近千人进入漳浦县城，在国民党驻闽粤军一五七师重兵包围下被迫缴械，史称"漳浦事件"。

7月下旬　隆澄游击队队长叶武居、苏南区委副书记蚁弟仔途经黄冈时，遭国民党逮捕，不久被杀害于潮安城郊。

1938年

1—2月　汕头青年抗敌同志会（称"汕头青救会"）派员来饶平宣传抗日救国，广大青年热烈响应，青年抗日团体"黄冈青年抗敌同志会""饶城青年抗敌同志会""钱东青年抗敌同志会"等陆续成立。

上半年　中共茂芝支部成立，上善成立党小组。

1939 年

10 月　潮汕中心县委改为潮澄饶中心县委，书记李平。

是年　张竞生在家乡大榕铺创建维新学校，该校后来成为中国共产党在饶平境内开展地下隐蔽斗争的活动阵地。

1940 年

3 月　中共饶凤浮中心支部成立，书记张旭华。

12 月　撤销中共闽西南潮梅特委，成立中共闽西特委、中共闽南特委、中共潮梅临时特委。饶平党组织归属潮梅临时特委。

1941 年

9 月　中共南方工作委员会决定各级党委实行个人负责的特派员制。

12 月　在浮山圩内王金城鼎厂附近设立政治交通站。这是潮梅特委和潮澄饶敌占区党组织的秘密联系点，运作至 1943 年结束。

是年　地下党员陈君霸、钟声受聘为张竞生在浮山圩新创办的饶平县农业职业学校的教学骨干。该校成为中国共产党在饶中又一隐蔽阵地。

1942 年

2 月　苏文江到樟溪小学任校长。樟溪逐渐成为潮澄饶沦陷区和国统区之间的一个重要联系点和隐蔽点。

1943 年

春 李民禧、陈列明夫妇在黄冈霞绕建立地下交通站。蔡荣胜在洋较埠设立地下交通站。

1944 年

10 月 潮汕党组织全面恢复活动。成立中共潮澄饶县委，书记周礼平，副书记兼组织部长吴健民。至年底，700 多名党员恢复组织关系。

1945 年

春 韩江纵队成立，辖留守支队和第二支队。第二支队活动于饶和埔边境。

5 月 在浮滨、坪溪一带组织抗日地下游击小组和交通联络站。

1946 年

9 月 通过统战关系，饶平县 33 名党员被秘密安排到海山浮任小学、樟溪小学、坪溪小学等校任教。

1947 年

3 月 中共澄饶丰县委派黄若影到饶中任特派员，联系隐蔽在学校的党员。

1948 年

3 月 12 日 粤东支队独立第五大队共 200 多人等联合袭击国民党保警中队，破陈坑谷仓 1800 担稻谷济贫。

9月7日　韩江支队十一团五连突袭古笃村,击溃国民党驻军二三百人。

10月初　刘永生率领粤东支队一部,驻上饶东岩寺。在与国民党保警周乃登部战斗中,一团政委杨建昌不幸中弹牺牲。

10月　中共饶中区委成立,同时成立西四、南西、东四3个武工队。

1949 年

1月1日　中国人民解放军闽粤赣边纵队成立,韩东地委领导的人民武装被列为第四支队。

3月　南四武工队与闽南游击队成立联合武工队,队长杨玉坤。26日,武工队第二次袭击南四乡公所,开仓济贫。

6月　中共饶平县工作委员会在下庵成立,书记陈义之。成立由县委直接领导的中武。

7月7日　饶平县城解放。饶平县军事管制委员会成立,军管会主任庄明瑞,副主任陈义之。

9月26日　饶平县军事管制委员会进入饶城,饶平县城再度解放。

1950 年

1月1日　饶平县人民政府成立,县长陈君霸。

1月9日　海山岛解放,饶平全境解放。

1月28日　中共饶平县委成立,县委书记陈义之。

后记

　　《饶平县革命老区发展史》是为贯彻落实习近平总书记关于"发扬红色资源优势，深入进行党史、军史、老区革命史优良传统教育，把红色基因代代传下去"的指示精神，由中国老区建设促进会发起，组织全国1599个革命老区县编纂的《全国革命老区县发展史》丛书之一。该书阐述和反映了饶平县各级党组织和广大共产党员在党的坚强领导下，团结和带领全县人民，自力更生，艰苦奋斗，进行革命和建设，并取得胜利的历史，既肯定老区人民的伟大贡献，又总结老区建设发展的经验，展示老区建设的伟大成就，是对老区光辉历史的铭记，优良传统的继承。

　　饶平既是革命老区县，又是中央苏区县。中共饶平县委、县政府领导高度重视《饶平县革命老区发展史》编纂工作，于2017年12月成立编纂委员会。由县委书记林文锋任主任；县委副书记、县长陈跃庆任执行主任；县委副书记黄汉成，县委常委、常务副县长张若群，县老促会会长徐昭平任副主任；成员由县委办、县政府办、县委党史研究室等23个县直相关部门的主要领导和各镇党委书记担任。编纂工作由县委副书记黄汉成负责协调，县党史研究室负责具体编纂联系出版等事项，县老促会负责与上级老促会沟通联络。编委会下设办公室，由县委党史研究室主任林汉利兼任办公室主任。

　　2018年1月，《饶平县革命老区发展史》编纂工作会议召开，编纂工作全面铺开。聘请离退休老同志进行组稿，县档案局原局长吕德荣、县志办原主任陈肯堂负责第一章及第五章第二、三节；县委党史研究室原主任张金生负责第二章及第三章；潮州市委党史研究室原副处级离休干部蔡钦洪负责第四章及第五章第一节。县委党史研究室负责附录组稿。总纂由县委党史研究室主任林汉利负责，副主任王树标协助。

在编纂过程中，我们坚持以习近平新时代中国特色社会主义思想为指导，秉承科学严谨态度，做到记载实事求是，评价客观公正，突出地方特点，全面准确反映历史。为确保历史的真实性、事件的准确性，我们严格按照广东省老促会的写作提纲和写作要求进行撰稿，参考了大量的资料，包括《中国共产党历史》，《中国共产党广东历史》、《饶和埔诏史料汇编》、《中共潮汕地方史》、《中国共产党广东省饶平县历史》［第一卷（1926—1949）］、《饶平县志》、《饶平县革命老区史料汇编》等书籍，以及饶平县历次党代会报告、政府工作报告和统计局统计数据等资料。

在编撰人员的辛勤努力下，《饶平县革命老区发展史》于2018年8月完成组稿进入总纂阶段。同时，初稿送请中共潮州市委党史研究室副主任、市党史专家刘庆和修改。2019年3月底，总纂稿送编委会成员征求意见。经编委会审定后，报送潮州市《革命老区县（区）发展史》编审小组评审通过，于同年7月送广东人民出版社。

该书编纂过程中，得到潮州市老促会、潮州市《革命老区县（区）发展史》编审小组及饶平县内相关部门、史学工作者、摄影爱好者和热心人士的支持和帮助，林汉利、刘庆和、王树标、黄进贵、蔡钦洪、张金生、吕德荣、陈肯堂、余德州、钟林生、朱培辉、王培忠、汪俊杰、陈映芳、杨潮明、黄少茂、林婉娟等同志付出辛勤劳动，县委办公室余秋松同志提供大量相片，在此特别表示衷心的感谢。由于该书涵盖内容广，时间跨度大，编纂时间紧，任务重，虽经九易其稿，编纂成书，但限于水平，难免有纰漏之处，敬请各位领导、专家、读者批评指正。

编　者

2020 年 3 月